Stiftung Moritzburg
Kunstmuseum des Landes Sachsen-Anhalt | Halle

e-X-tension

AKTUELLE MUSEUMS- UND AUSSTELLUNGSARCHITEKTUR IM BESTAND

Herausgegeben
von Katja Schneider und Jürgen Tietz

KERBER FORUM

Moritzburg in Halle
Nordflügel mit Eingang

Impressum _____

Stiftung Moritzburg
Kunstmuseum des Landes Sachsen-Anhalt
Friedemann-Bach-Platz 5
06108 Halle (Saale)
www.kunstmuseum-moritzburg.de

Diese Publikation dokumentiert die Beiträge der Tagung **e-X-tension**, Aktuelle Museums-
und Ausstellungsarchitektur im Bestand, die vom 24.–26. September 2010 in der
Stiftung Moritzburg in Halle stattfand.

Herausgeber: Katja Schneider und Jürgen Tietz
Idee und Konzept: Jürgen Tietz
Redaktion: Katja Schneider, Jürgen Tietz

Die Publikation wurde gefördert durch die Wüstenrot Stiftung, Ludwigsburg

Gestaltung: Susanne Hagendorf, Halle
Projektmanagement, Kerber Verlag: Kathleen Herfurth
Endkorrektorat: Ilka Backmeister-Collacott, München

Die Deutsche Nationalbibliothek verzeichnet diese Publikation in der Deutschen National-
bibliografie; detaillierte bibliografische Daten sind im Internet über http://dnb.d-nb.de abrufbar.

Gesamtherstellung und Vertrieb:
Kerber Verlag, Bielefeld
Windelsbleicher Str. 166–170
33659 Bielefeld
Germany

Tel. +49 (0) 5 21/9 50 08-10
Fax +49 (0) 5 21/9 50 08-88
info@kerberverlag.com

KERBER-Publikationen werden weltweit in führenden Buchhandlungen und Museumsshops
angeboten (Vertrieb in Europa, Asien, Nord- und Südamerika).

ISBN 978-3-86678-801-5

www.kerberverlag.com

Printed in Germany

Inhalt

Weltweit sind in den vergangenen drei Jahrzehnten zahlreiche spektakuläre Museumsbauten entstanden, viele davon im historischen Bestand. In dieser Entwicklung spiegelt sich die wachsende Bedeutung von Museen ebenso wider wie die des Bauens im Bestand.

Die vorliegende Publikation basiert auf den Vorträgen einer internationalen Tagung, die unter dem Titel **e-X-tension** im September 2010 von der Stiftung Moritzburg in Halle (Saale) ausgerichtet wurde. Auf der Tagung wurden insgesamt zwölf herausragende aktuelle Beispiele neuer Museums- und Ausstellungsarchitektur im Bestand vorgestellt und die Materie in einem weitgefächerten Bogen mit all ihren Facetten und Möglichkeiten beleuchtet. Zugleich konnte das Thema in der allgemeinen zeitgenössischen Museumsarchitektur verortet werden. Dabei schälte sich in den Lösungsansätzen eine grundsätzliche Zweiteilung in Weiterbauen im Bestand und Ergänzen durch Zusatzbauten heraus – die Bandbreite reicht von Addition, Integration, Überformung, Collage bis zur Szenografie, die Haltungen changieren zwischen Respekt, in Szene setzen und Akzent geben.

In der neuen Moritzburg – 2008 mit dem singulären Erweiterungsbau der spanischen Architekten Nieto Sobejano eröffnet – begegnen sich Alt und Neu in sensibler Sprache. Sie zählt im europäischen Kontext zu den herausragenden Beispielen einer zeitgenössischen modernen Museumsarchitektur. Daher bot sie sich als Ort für eine Tagung zu diesem Thema geradezu an. Als Burg am Übergang von der Gotik zur Renaissance als festes Schloss für die Magdeburger Erzbischöfe errichtet, wird sie seit 1904 als Museum genutzt. Über die Jahrhunderte hinweg wurde die Anlage durch Umnutzung und Überbauung einem großen Wandel unterworfen und hat sich mit der jeweiligen Gegenwart sichtbar verändert. So ist ihr architektonisches Erscheinungsbild zu einem Pasticcio geworden, ein Gefüge verschiedener Kompositionen, das vom 18. Jahrhundert nunmehr auch in die Gegenwart reicht.

Bei einigen der vorgestellten Projekte gibt es durchaus verwandte Ausgangslagen: Das Neue Museum und das Naturkundemuseum in Berlin sowie das Residenzschloss in Dresden waren, wie einst die Moritzburg, in Teilen ruinös bis ganz zerstört, auch das Stift Altenburg mit einer nur in Teilen überlieferten baulichen Substanz der Vorgängerbauten gehört in diesen Kontext. Für jeden dieser Bauten gibt es jedoch andere Ansätze im Umgang mit der Tradition und individuelle zeitgenössische Antworten. Titan, wie der kubische Erweiterungsbau des Historischen Museums in Bern genannt wird, und das Montafoner Heimatmuseum in Schruns stehen dagegen für die additive Erweiterung durch Neubauten. Auch das Museum Luther-Geburtshaus in Eisleben gehört in diesen Zusammenhang. Beim Canadian Museum of Nature in Ottawa wird die Sanierung des Museums mit einem Ausbau verbunden, und auch beim Kulturzentrum Bluecoat in Liverpool ist die intensive Auseinandersetzung mit dem Bestand mit einem Erweiterungsbau und seiner zeitgenössischen Nutzung verwoben. Die neue Gestaltung des Züricher Landesmuseums schließlich zeigt, wie man mit einer neuen Dauerausstellung ein Museum von innen heraus umwandeln kann. Das Museo San Telmo in San Sebastián, ein Kloster aus dem 16. Jahrhundert, bot den Architekten Nieto Sobejano eine der Moritzburg durchaus vergleichbare Ausgangslage.

Die Tagung lockte viele Interessierte, darunter Kollegen und Architekten, in die Moritzburg. Dass es gelang, trotz der bekanntermaßen immer eng abgesteckten Terminkalender so viele namhafte Architekten und Projektleiter als Referenten nach Halle zu holen, war ein großes Glück. Entscheidenden Anteil an der prominenten Aufstellung der Tagung hatte Jürgen Tietz, Architekturkritiker aus Berlin. Er verfasste die erste Publikation über den Erweiterungsbau von Nieto Sobejano und entwickelte nach der Neueröffnung des Museums die Idee für diese Tagung. Sie geht auf sein Konzept zurück und verdankt sich seinen guten internationalen Kontakten. Dafür wie für die inspirierende und kollegiale Zusammenarbeit sei ihm sehr herzlich gedankt. Ohne finanzielle Unterstützung von außen wären jedoch die schönsten Ideen nicht zu verwirklichen gewesen: Erst die großzügige Förderung der Wüstenrot Stiftung ermöglichte die Tagung und die vorliegende Publikation; ihrem Geschäftsführer Philip Kurz sei dafür ein besonders herzlicher Dank ausgesprochen. Und natürlich gilt allen Referenten ein herzliches Dankeschön, dass sie nach Halle gekommen sind, wie auch ihren Mitarbeitern, die zur Verwirklichung der Publikation beigetragen haben. Ebenso danken wir dem Kerber Verlag und seinem Team für die gute und produktive Zusammenarbeit.

E-X-TENSION

AKTUELLE MUSEUMS- UND AUSSTELLUNGSARCHITEKTUR
IM BESTAND

Jürgen Tietz

Museen gelten als die bedeutendste Bauaufgabe in den 1980er- und 1990er-Jahren. Weltweit schmückten sich damals nicht nur zahlreiche Städte mit spektakulären Museumsneubauten von renommierten Architekten. Auch für einzelne Sammlungen entstanden teilweise aufsehenerregende Ausstellungsgebäude. Zugleich gingen von vielen Museumsbauten auch Impulse für die Stadtentwicklung insgesamt aus sowie für das Stadtmarketing und den Tourismus. Die Architektur der Museen entwickelte sich zur gleichberechtigten Attraktion zu den darin ausgestellten Kunstwerken. Dieser »Bilbao-Effekt«, den Frank O. Gehry mit seinem Guggenheim-Museum in der nordspanischen Stadt entfacht hatte, setzte sich in den folgenden Jahren bis in die Provinz hinein fort – wenngleich sich manche Stadt mit den Kosten für Bau und Unterhalt »ihres« Museums langfristig übernommen haben dürfte.

Auch zu Beginn des 21. Jahrhunderts setzt sich die Museumsblüte fort, wie die bemerkenswerten neuen Museen zu unterschiedlichen Kunstgattungen und Themen zeigen, darunter Jean Nouvels Museé du Quai Branly in Paris für außereuropäische Kunst von 2007, das Museum für Islamische Kunst von I. M. Pei in Doha (2008) oder das 2010 eröffnete MAXXI von Zaha Hadid in Rom.

Doch nicht nur spektakuläre Neubauten prägen in den letzten Jahrzehnten die Museumsszene. Entsprechend der steigenden Bedeutung, die dem Bauen im Bestand gegenüber dem Neubau zuwächst, hat sich die Erweiterung vorhandener Museen durch An- und Erweiterungsbauten zu einer wichtigen Bauaufgabe entwickelt. Darunter befinden sich prominente Zeugnisse wie das 1986 eröffnete Musée d'Orsay in Paris oder das ebenfalls aus einem ungenutzten Bahnhof hervorgegangene Museum für Gegenwart im Hamburger Bahnhof in Berlin von Joseph Paul Kleihues (1996 eröffnet). So unterschiedlich die museal umgenutzten Bauten ursprünglich in Funktion und Gestalt waren, so verschieden sind die architektonischen Lösungen, die für die neuen Nutzungen formuliert wurden. Doch auch etablierte Museen bedurften durch das Wachstum ihrer Bestände, zusätzliche Stiftungen, den Wunsch nach Sonderausstellungsräumen oder nach neuen Werkstätten zusätzlichen Raum, den es architektonisch zu gestalten galt.

10

Die vielfältigen architektonischen, städtebaulichen und künstlerischen Lösungen im Umgang mit dem historischen Bestand reichen dabei von der behutsamen Ergänzung und Weiterentwicklung denkmalgeschützter Bauten bis hin zu einer intensiven Überformung und Neudefinition des Vorhandenen.

Im Rahmen der internationalen Tagung »e-X-tension« in der Moritzburg in Halle wurde 2010 eine Reihe herausragender zeitgenössischer Beispiele dieser vielschichtigen neuen Museums- und Ausstellungsarchitektur im Bestand und in der zeitgenössischen Museumsarchitektur vorgestellt.

Der Ort hatte die Idee für das Thema dieser Tagung vorgegeben, ist doch die Moritzburg selbst ein herausragendes Beispiel einer zeitgenössischen europäischen Museumsarchitektur im Bestand. Mit ihrem neuen expressiven Ausstellungsflügel, in dem sich Geschichte und Gegenwart miteinander verbinden, haben Enrique Sobejano und Fuensanta Nieto die seit dem Mittelalter gewachsene Substanz der Burganlage wirkungsvoll vervollständigt.

Welches Spannungsverhältnis zwischen der architektonischen Gestaltung und der musealen Nutzung bestehen kann, skizziert Ira Mazzoni in ihrer Einführung. Das betrifft besonders den Umgang mit dem denkmalgeschützten Gebäudebestand, der eine spezifische Sensibilität und Achtsamkeit bei der Herrichtung und Ergänzung verlangt.

Mit seinen beiden Dresdner Projekten, dem Residenzschloss aus der Renaissance und dem Hygiene-Museum aus der frühen Klassischen Moderne, zeigt der gebürtige Dresdner Peter Kulka sowohl den Umgang mit Zeitschichten auf, als auch unterschiedliche Entwurfshaltungen für Museumsnutzungen im Bestand. Wie ein dialogisches Vorgehen von »Call and Response« funktionieren kann, das gleichermaßen am Objekt und an den Nutzerwünschen orientiert ist, führt der Niederländer Hans van der Heijden am Beispiel des »Bluecoat« in Liverpool vor. Demgegenüber geht Enrique Sobejano anhand mehrerer seiner Museumsprojekte aus den vergangenen Jahren der Frage nach, wie sehr der eigene Entwurfsprozess durch die Kombination unterschiedlich stark abstrahierter Erfahrungen geprägt wird.

Geradezu als eine Ikone des Bauens im Bestand und der denkmalgerechten Auseinandersetzung mit einem schwer geschundenen Denkmal gilt die inzwischen vielfach ausgezeichnete Instandsetzung des Neuen Museums von Friedrich August Stüler auf der Berliner Museumsinsel durch David Chipperfield und Julian Harrap, die Alexander Schwarz vorstellt.

Wie unterschiedlich der Umgang mit Museen des Historismus aussehen kann, veranschaulichen gleich zwei Naturkundemuseen: Der Basler Architekt Roger Diener hat einen kriegszerstörten Flügel des Naturkundemuseum Berlin wiederhergestellt und für eine neue Nutzung durch die »Nasssammlung« ertüchtigt. Dabei gelang es ihm, eine spezifische Form der architektonischen Mimikry jenseits der Rekonstruktion zu formulieren. Bruce Kuwabara aus Toronto hat das auf schwierigem Baugrund errichtete kanadische Naturkundemuseum in Ottawa durch gezielte Eingriffe sicher gemacht und es zudem ergänzt, um es so auch für neue Besucherschichten attraktiv zu machen.

Im österreichischen Stift Altenburg ist Christian Jabornegg und András Pálffy neben der unverzichtbaren statischen Sicherung der Anlage die Freilegung von Resten des mittelalterlichen Klosters auf mehreren Ebenen gelungen. Sie wird durch den Anbau einer zurückhaltenden Sockelzone ergänzt, die zugleich als Terrassenzone fungiert.

Zwei unterschiedliche Perspektiven eröffnen die beiden Schweizer Projekte in Zürich und Bern: Tristan Kobler erläutert sein Konzept für die Inszenierung von Geschichte am Beispiel seiner spektakulären Ausstellung im Schweizerischen Landesmuseum Zürich. Claude Marbach verdeutlicht am Beispiel des »titan«, wie in einem Neubau, der mit seiner ungewöhnlichen Form- und Materialverwendung einen Kontrast zum historistischen Altbau schafft und zugleich eine kluge stadträumliche Weiterentwicklung des Museumsareals eröffnet, Räume für Kulturgüterschutz, Sonderausstellungen und Verwaltung entstehen können. Ähnliche Ortsqualitäten sind es auch, die Stefan Marte aus Weiler in Vorarlberg am Beispiel des Entwurfs für ein Heimatmuseum Montafon in Schruns schildert, dessen ambitionierte Konzeption als lichter Betonbau jedoch aufgrund der vorhandenen Widerstände nicht verwirklicht werden wird.

Mit dem Luther-Geburtshaus in Eisleben, das Springer Architekten (Berlin) hergerichtet und um einen Verwaltungs- sowie einen Ausstellungsbau ergänzt haben, verfügt das Land Sachsen-Anhalt unweit von Halle an der Saale über eine preisgekrönte Museumsergänzung, die die Denkmalpflegerin Ulrike Wendland im Wechselspiel von Bestand und Ergänzung vorstellt. Der abschließende Blick auf aktuelle Museums- und Ausstellungsarchitektur im Bestand richtet sich auf den Ort der Tagung selbst, die Moritzburg, und ihre exzeptionelle neue Dachlandschaft nach Entwurf von Fuensanta Nieto und Enrique Sobejano.

DENKMAL MUSEAL

Ira Mazzoni

ANMERKUNGEN ZU EINER KLASSISCHEN MESALLIANCE

Das Museum sei die erfolgreichste Bildungseinrichtung der Moderne, hat einmal Gottfried Korff konstatiert. Nicht nur der Museumsboom der vergangenen dreißig Jahre, sondern auch die Kopie musealer Strategien in der Wirtschaft gibt der These Gewicht.

Das Museum ist zugleich die prominenteste Bauaufgabe des ausgehenden 20. Jahrhunderts. Seit den 80er-Jahren des gerade vergangenen Jahrhunderts sind die Feuilletons der großen deutschen Zeitungen damit beschäftigt, neue Museen von bekannten und prominenten Architekten zu würdigen: vom Museum Ludwig in Köln von Peter Busmann und Gottfried Haberer, nach dem 1976 entschiedenen Wettbewerb 1981–86 realisiert, oder dem Museum für Kunsthandwerk von Richard Meier am Frankfurter Schaumainkai (1982–85) bis hin zu Frank O. Gehrys Guggenheim-Filiale in Bilbao, die 1997 vollendet wurde. Geblendet von den Neubauten, die zu einem kaum bekannten Stararchitektenkult beitrugen, wurde in der Öffentlichkeit fast übersehen, dass die Museumania vorrangig von bestehenden historischen Bauten Besitz ergriffen hat. Schon der erste Bau am Frankfurter Museumsufer, das 1981–84 realisierte Architekturmuseum von Oswald Mathias Ungers, ist ein Implantat: ein Kubus, der mitten in einer neoklassizistischen Villa aus dem Jahr 1911 platziert wurde.

Eines der innovativsten Museumsprojekte in Deutschland, das 1988 gegründete Zentrum für Kunst und Medientechnologie (ZKM) in Karlsruhe, bekam nicht wie geplant einen Medienwürfel von Rem Koolhaas, dessen Fassade sich hätte beliebig programmieren lassen, sondern zog zusammen mit dem Museum für Neue Kunst und der Hochschule für Gestaltung 1997–99 in eine leer stehende Munitionsfabrik aus der Zeit des Ersten Weltkriegs, die dank der intelligenten – im Wesentlichen auf Brücken, Stege und Treppen beschränkten – Hinzufügungen durch das Hamburger Architekturbüro Schweger & Partner in ihrer praktischen, multifunktionalen Grundstruktur architektonisch gestärkt wurde. Ja selbst der Bilbao-Transfer nach Ostwestfalen-Lippe, Gehrys MARTa in Herford, ist die Ergänzung zu einer Möbelfabrik.

Mir liegen keine Statistiken vor, aber ich schätze, dass es sich bei dem Spezialgebiet der Museumsarchitektur ähnlich verhält wie in der Bauwirtschaft allgemein: Bauen im Bestand macht an die 80 Prozent aller Projekte aus. Wenn Museen eingerichtet oder erweitert werden, dann betrifft es fast ausschließlich Baudenkmale.

Strukturwandel, Identitätskrisen, Regionalismus und der Boom einer immer differenzierteren Tourismusindustrie förderten eine Politik, die Denkmal, Museum und eine saubere, bessere Zukunft offensiv zusammendachten und zusammenbrachten.

14

Es schien so selbstverständlich »im öffentlichen Interesse«, den Erinnerungs- und Geschichtsort zu einer musealen Bildungsinstitution um- und auszubauen, dass die Zumutungen der jeweiligen Hin- und Herrichtungen für die Authentizität des Denkmals wie für die Funktionalität des Museumsbetriebes geflissentlich übergangen – oder aber als Zukunftshypothek beworben wurden.

Inzwischen gibt es kaum noch ein Sammelgebiet, kaum noch ein Forschungsthema, das nicht auch ein eigenes Museum in irgendeinem Denkmal hat. Sie müssen sich nur einmal das Handbuch der Nichtstaatlichen Museen in Bayern anschauen, um einen Begriff von der Vielfalt der Sammelgebiete und der umgenutzten Denkmale zu bekommen. Und das sind keineswegs nur Heimat-, Schloss-, Burg- und Brauereimuseen. Sie können aber auch die in den letzten Jahrzehnten gewachsene Museumslandschaft zwischen Rhein und Ruhr evaluieren und werden alles finden: Ein Schifffahrtsmuseum in einem Schwimmbad, ein Lichtkunst-Museum in Brauereikellern, einen Künstlernachlass in einer Scheune und vieles mehr – während das berühmte Dortmunder Museum am Ostwall in das »Große U«, die ehemalige Unionsbrauerei, zieht.

Viele Privatsammler haben in den letzten Jahrzehnten entdeckt, dass sie mit der Sicherheit und Versicherung ihrer Schätze überfordert sind. Gleichzeitig entdeckten Bürgermeister, Landräte und Landesregierungen ihre Liebe zur zeitgenössischen Kunst, zumindest aber für die der Klassischen Moderne, mit der sich fortschrittliche Gesinnung immer gut dokumentieren lässt. Freistehende, verwaiste Denkmale wurden so zu Lockangeboten für Sammler, die sich ganz mäzenatisch zum Wohle der auserkorenen Stadt ein museales Denkmal setzen wollten und dafür wiederum einen Stararchitekten favorisierten, der dem Denkmal einen neuen Geist einhauchen sollte.

Last, not least gibt es eine Unzahl musealer Institutionen, deren Denkmal-Stammhäuser schlicht in die Jahre kamen und dem Massenandrang nicht mehr gewachsen waren. Häuser, die dringend den neuen Anforderungen an Klima, Sicherheit, Zugänglichkeit, mediale Vermittlung etc. angepasst und für gewachsene Bestände, aktive Ausstellungspolitik und den damit verbundenen Kunst-Städte-Architektur-Tourismus ausgebaut und erweitert werden mussten und müssen. So hat das Städel in Frankfurt am Main aktuell eine unterirdische Erweiterung durch das stadtansässige Büro Schneider + Schumacher erhalten – unterirdisch, damit der Anbau den Gründerzeit-Altbau nicht bedrängt.

Das Lenbachhaus in München, das immer, wenn es Geld braucht, eine neue Blaue-Reiter-Ausstellung mit internationalen Leihgaben inszeniert, mal Gabriele Münter,

15

mal Kandinsky, mal Franz Marc fokussierend, und damit den mehrfach umgebauten und erweiterten Altbestand über Gebühr strapaziert, stand aus feuerpolizeilichen Gründen kurz vor der Schließung. 400.000 Besucher kamen zur großen Kandinsky-Retrospektive 2008/09. Als die städtische Galerie 1929 eröffnet wurde, kamen 10.000 Kunstinteressierte jährlich. Nach der Erweiterung anlässlich der Olympischen Spiele 1972 waren 75.000 Besucher schon rekordverdächtig. Im Jahr 2004 verzeichnete die Statistik 300.000 Gäste. Und für die Wiedereröffnung im Frühjahr 2013 sagt Museumsdirektor Helmut Friedel nicht unrealistisch eine halbe Million Besucher voraus. Für einen solchen Massenandrang baut Stararchitekt Norman Foster einen neuen Eingangs- und Ausstellungstrakt. Ein städtebauliches und denkmalsensibles Wagnis, denn der gold schimmernde Kubus setzt einen auffallenden Akzent am Vorhof der klassizistischen Propyläen und muss an die historistische, sonnengelb getünchte Künstlervilla des High-Society-Malers Franz von Lenbach andocken, und zwar an den ältesten Flügel der Anlage. In Zukunft wird der Museumsbesucher nicht mehr, wie einst die illustren Gäste des Malerfürsten durch den italienischen Garten kommend, das muschelinkrustierte Foyer der Villa betreten. Zur Schonung des Denkmals wird er in eine gläserne Schleuse geleitet. Sie stellt sich separierend zwischen den Foster-Kubus und den alten Ateliertrakt der Lenbach-Villa und ermöglicht lediglich einen Quereinstieg in die mehrfach überarbeitete Geschichte des Ortes. Bis es so weit ist, werden die berühmten Bilder als Botschafter um die Welt geschickt und das Museum beschränkt sich auf seine Galerie, den Kunstbau, der von Kiessler + Partner Mitte der 1990er-Jahre im Zwischengeschoss der U-Bahnstation Königsplatz über den Gleisanlagen eingerichtet wurde. Auch ein Bau im Bestand und eine grandiose Raumentdeckung.

Man möchte meinen, wenn es um die Musealisierung eines Denkmals geht, sei eine Auseinandersetzung mit dem Genius Loci selbstverständlich und eine grundsätzlich bewahrende Haltung Voraussetzung. Aber selbst an Orten, wo das Denkmal Museum seiner selbst werden soll, wo Konservatoren und Restauratoren die Architekten bei der Hand nehmen, kann der Entwicklungsprozess zu Ergebnissen führen, die weder denkmalpflegerisch noch museal oder architektonisch überzeugen. Ergebnisse, die den Genius Loci beschwören und doch nicht treffen.

Das hängt häufig mit den gestiegenen und ständig wachsenden Sicherheitsvorschriften zusammen. Ein öffentliches Haus, womöglich mit öffentlichem Café/Restaurant und Vortragssaal, fällt unter die Bestimmungen der Versammlungsstätten-

16

verordnung. Das kann für eine ehemalige Villa genauso wie für ein frühneuzeitliches Quartier tödlich sein. Feuerpolizeiliche Bestimmungen, die Berechnung der Fluchtwege haben massive Auswirkungen auf die Berechnung der Statik. Aus einem alten Fachwerkbau wird schnell ein Stahlskelettbau. Kommen dann noch pessimistische, dem Klimawandel geschuldete Wetterprognosen mit extremen Wind- und singulären Schneelasten hinzu, dann ist ein alter Dachstuhl ganz schnell mit viel Stahl bewehrt. In manchen Gegenden Deutschlands wird auch der Erdbebensicherheit größere Bedeutung beigemessen. Und selbst in der Provinz rechnet man inzwischen mit potenziellen Anschlägen, so dass wiederum die Fluchtwege verkürzt werden müssen. Barrierefreiheit und womöglich noch die Einhaltung der »EnEv« setzen dem Denkmal zu. Dabei ist noch nicht eine Maßnahme genannt, die zur Sicherheit der Exponate und zur Funktion des musealen Betriebs beiträgt: Statik, Klima, Diebstahlsicherung, Einbruchssicherung, Lastenaufzüge, Anfahrtszonen, Ladezonen, Verwaltungsräume und die entsprechende Verkabelung. Hinzu kommen dann noch die politischen Ansprüche an eine neue »Location«, die für Neujahrsempfänge genauso herhalten muss wie für Talkshows. Meist wird dafür dann ein Innenhof mit Glas überdacht, ohne Rücksicht auf den Genius Loci, ohne Rücksicht auf die Architektur.

Ein Denkmal mit einem Museum zu vermählen, kann bedeuten, eine Beziehung anhaltendender gegenseitiger Beeinträchtigung zu stiften. Und dennoch ist es Dogma, dass nur ein genutztes Denkmal Überlebenschancen hat und dass eine öffentliche, möglichst museale Nutzung die beste aller Möglichkeiten ist.

Kommen wir zu den architektonischen Strategien und zur Rhetorik von denkmalintegrierten und kombinierten Museumsbauten. Es wird eingefügt und aufgebrochen, untergraben und aufgestockt, ausgehöhlt und angebaut.

Fast überall sollen Zeichen gesetzt werden, und fast überall dient die Charta von Venedig aus dem Jahr 1964 als Referenz oder gar als Bibel. Das Neue soll/muss sichtbar sein und sich von der überlieferten Substanz abheben – dieser bereits von Cornelius Gurlitt auf dem ersten Tag für Denkmalpflege im Jahr 1900 erhobene Anspruch an »ehrliche« Denkmalarchitektur hat nicht nur im Museumsbau zu mancher mutwillig kontrastiven und eitel ausgreifenden Überformung des Überlieferten geführt – oder zu einer gänzlichen, dem Ideal des »white cube« geschuldeten Purifizierung des vom Alter und Gebrauch gezeichneten Bestandes. Selbst die wohlgemeinte Fugenbildung verkam im Laufe der Zeit zum hohlen Formalismus ohne architektonische Qualität.

17

Es ist schon erstaunlich, wie lange Carlo Scarpa hierzulande als großes Vorbild für adäquates Bauen im Bestand vermittelt wurde. Seine Neuinszenierung des Castelvecchio 1956–64 in Verona etwa wurde erst spät auch als bizarre Verlustgeschichte thematisiert. Im Prinzip mehr Dekonstruktion als Konstruktion, wählt und kombiniert der Künstler-Architekt nach eigenen ästhetischen Maßstäben Fragmente des Historischen, die er ausstellt, integriert oder kategorisch verwirft und zum Abriss freigibt.

Ob die jüngsten Bemühungen um Tradition und Anbindung unter dem operativen Begriff des »Weiterbauens« zu überzeugenderen und denkmalverträglicheren Ergebnissen führen, bleibt abzuwarten. Immerhin haben Julian Harrap und David Chipperfield mit ihrer Analyse der Ruine des Neuen Museums in Berlin, mit ihrer Ausschreibungspraktik und mit ihrem architektonischen Konzept in dieser Richtung Maßstäbe gesetzt. Die nicht enden wollenden Preisungen des Projekts scheinen darauf hinzudeuten, dass dieses Werk tatsächlich als modellhafter Paradigmenwechsel bewertet wird: nicht Abstraktion, nicht Distanz zur, nicht Bruch mit – aber auch nicht Imitation von Geschichte. Die Wertschätzung des Modells birgt allerdings auch die Gefahr, dass Chipperfield nun so missverstanden kopiert wird wie seinerzeit Carlo Scarpa.

Lassen sie mich aus all den möglichen Strategien, ein Baudenkmal museal umzuwidmen, eine herausgreifen: die der Aufstockung, vorzugsweise von ehemaligen Industriebauten. Die Aufstockung kann sich als erneuernde Bauaufgabe auf historische Vorbilder berufen. Eine der spektakulärsten Aufstockungen war die des fünfeckigen Kastells in Caprarola durch Giacomo Vignola 1559–75. Durch Auf- und Einbauten verwandelte der Architekt die Festungsarchitektur in eine Sommerresidenz für Kardinal Alessandro Farnese, ohne die auch dynastisch wichtige Vorgeschichte des Ortes zu verleugnen.

Als ich Anfang der 1990er-Jahre in London war, wurde dort heftig darüber diskutiert, ob man der modernen Kunst nicht besser eine spektakuläre neue Millenniumshülle verpassen sollte, als das 1981 stillgelegte Ölkraftwerk von Sir Giles Gilbert Scott, die düstere Bankside Power Station, zum weltgrößten Museum für moderne Kunst umzubauen. So metaphorisch wirksam der Begriff der »Power Station« sein mochte, so vorsintflutlich wirkte die Technologie, die in diesem Bauwerk steckte. Auch das Kraftwerk selbst, errichtet zwischen 1947 und 1963, war bereits bei seiner Inbetriebnahme alles andere als zeitgemäß, vielmehr wiederholte es die für Fabrikbauten üblichen Ziegelhüllen der 1920er- und 30er-Jahre. Dennoch: 148 Architekturbüros fanden, die Transformation des Kolosses zum Museum sei eine lohnende Bauaufgabe. Jacques Herzog und Pierre de Meuron gewannen den Wettbewerb mit der scheinbar selbstverständlichsten Geste, einen doppelgeschossigen Lichtbalken auf den themseseitigen Nordflügel, das ehemalige Kesselhaus, zu setzen und dadurch dem 93 Meter hohen Kamin eine neue Relation und Signifikanz zu geben. Mit dem »Lichtmarker« versetzten sie die vergessene und diffamierte South Bank ins Zentrum Londons und machten ein Industrie-Fossil zum Gegenüber von St. Paul's. Tate Modern wurde zu einem sozialen und städtebaulichen Großprojekt. Konstruktiv konnte sich das Schweizer Team auf das Wesentliche und Vorhandene verlassen: massive Fundamente, starke Eisenträger, mächtige Laufkatzen, die auch die schwersten Kunstinstallationen bewältigen können. In dieses Grundgerüst und in die gereinigte Maschinenhülle ließ sich die neue Architektur einklinken: Nach Entfernung der Turbinen wurde das Mittelschiff zu einem gigantischen öffentlichen Prozessionsweg, der sich vom Eingang bis zur Sohle der entfernten Generatoren absenkt: 155 Meter lang, 23 Meter breit, 35 Meter hoch. 7 Stockwerke wurden in den auch klimatisch isolierten, durch Wand- und Glasscheiben abgetrennten Nordtrakt eingefügt. Die Erschließungsflure erhielten zum Mittelschiff hin sogenannte bay windows mit hinterleuchteten Milchglasrahmen, so dass sich das Lichtband-Motiv durch das ganze Haus zieht. Ein anderes Leitmotiv sind die schwarzen Eisenträger: alte genietete wie neue glatte. Der Museumsbau blieb Industriebau, ohne zu nostalgieren. Im Gegenteil: Es wurde ein konsequent schönes Kunstmuseum mit unterschiedlich proportionierten Ausstellungsräumen, mit interessanter und abwechslungsreicher Lichtführung, mit spannenden Ausblicken und wunderbaren Ruhezonen.

Die Tate Modern eröffnete im Mai 2000 und die Bewunderung für den Respekt vor dem Ort, die Konsequenz der architektonischen Idee und die Klarheit der Räume war allgemein. Mit der Tate Modern bekam das Motiv der Aufstockung neue Aufmerksamkeit. Und auch Herzog & de Meuron verfolgen dieses Thema bis heute weiter, schlachten es aus, überbieten sich selbst. Eine einst verblüffende Metapher: Das »Wachsen aus dem alten Ort« wird durch die Wiederholung und durch die Blähung zur hohlen Phrase. Aber diese Phrase ist nach wie vor politisch äußerst wirksam, so dass entsprechende Vorschläge in jeder Jury gute Erfolgschancen haben. Bei einem Studentenwettbewerb der Nürnberger Hochschule, bei dem die Ausbaumöglichkeiten der Archäologischen Staatssammlung München untersucht werden sollten, gab es natürlich auch diese vermeintlich so denkmaladäquaten Aufstockungsfantasien, als könne man unten einfach weiter Museum machen, wenn oben ein Doppelgeschoss aufgesetzt wird.

Ich möchte noch einmal auf die Altmeister der Aufstockung Herzog & de Meuron zurückkommen. Wenn ich mir die neuen Entwürfe und Realisationen anschaue, dann scheint mir die Rolle des Denkmals eine grundsätzlich andere geworden zu sein. Es dient dazu, ein Grundstück zu generieren, das es eigentlich nicht gibt. Es ist vielleicht noch Stichwortgeber für eine gewisse Textur und eine Grundfarbigkeit. Aber der Zeugniswert ist uninteressant, die historische Substanz Verfügungsmasse. Wen interessiert denn, dass das CaixaForum einmal wie die Tate Modern ein Kraftwerk war? Viel interessanter ist doch die Akrobatik, die dem alten Kraftwerk den Boden entzieht, seine Wände wie Folien behandelt und dennoch ein Volumen generiert, das um vieles größer ist, als der ehemalige Kraftwerkskörper. Die Architekten werden zu Jongleuren, die vor den staunenden Augen des Museumsarchitektur-Zirkuspublikums Teller kreisen und Bälle tanzen lassen. Einer der Bälle, die da durch die Luft wirbeln, ist das Denkmal bzw. dessen Hülle. Mir fehlt bei den neueren Entwürfen der Stararchitekten die Ernsthaftigkeit der Analyse des Ortes und des vorhandenen Bauwerks.

Ich gebe zu, dass ich weder das CaixaForum in Madrid noch die Erweiterung des Museum Küppersmühle in Duisburg architektonisch und ästhetisch verstehe. Das Denkmalpflegerische lasse ich jetzt mal beiseite. Das Museum Küppersmühle des auf Düsseldorfer Maler spezialisierten Sammlers Hans Grothe, wurde im Rahmen des Industrie-Kultur-Programms der IBA Emscher Park und dem anschließenden Masterplan von Sir Norman Foster für den Binnenhafen von Duisburg 1999 in Betrieb genommen. Die alte Getreidemühle, zwischen 1908 und 1916 errichtet, steht am Ende einer langen Kette von imposanten Speicher- und Industriegebäuden am Kai des Hafens. Um die Mühle als Museum für großformatige Arbeiten nutzen zu können, ließen Herzog & de Meuron jede zweite Decke entfernen. Zusätzliches Licht erhalten die hohen Säle durch neue Fensterschlitze in der Backsteinfassade des Gebäudes. Die Erschließung erfolgt über einen neuen Treppenturm, der als selbstständiger Baukörper dem Mittelrisalit des Denkmals zur Seite gestellt wurde und im Inneren mit einer enormen Treppenspindel beeindruckt. So dezent, so überlegt, so cool konnte vor 10 Jahren eine neue Adresse geschaffen werden. Selbst die immer kritischen Denkmalpfleger waren zufrieden. Und heute: Heute setzt das Schweizer Team dem aus gebündelten Getreidesilos bestehenden Turm der Küppersmühle einen monumentalen Glascontainer auf, der die Maßstäbe des Hafenbeckens, der alten Industriebauten, ja sogar

20

der Altstadt außer Kraft setzt. In dieser transluzenten, mit Folie überzogenen Kiste werden 22 Ausstellungsräume mit rund 2.000 Quadratmetern Ausstellungfläche für die Sammlung Ströher geschaffen. Das Silo dient als Entree und Aufzugsturm. Dabei ist die Platzierung und Balance eines solchen Blocks auf einem Silo absurd, wenn nicht gar lächerlich. Zumal es neben der Mühle eine Brache gibt, die bebaut werden könnte, ja müsste, um die Flaniermeile der Stadt gegen die Autobahn abzuschirmen. Oder ist das Ganze ironisch gemeint – nur dass Politik, Mäzen und Sponsoren es nicht gemerkt haben? Soll hier die Geltungssucht der mittellos Beteiligten vorgeführt werden?

Lassen Sie mich zum Schluss noch an ein Aufstockungsprojekt erinnern, das – heute muss man sagen: leider – nicht realisiert wurde: das »Ruhrdeck« des Basler Architekturbüros Diener & Diener auf der Kohlenwäsche des damals Noch-nicht-Welterbes Zeche Zollverein in Essen-Katernberg; einer Zeche, die als städtebauliches und funktional hocheffizientes Bauensemble Anfang der 1930er-Jahre von Fritz Schupp und Martin Kremmer konzipiert wurde. 1986 war die Zeche stillgelegt worden, und 1999, im letzten IBA-Jahr, wurde ein eingeladener Wettbewerb für die Integration des Ruhrlandmuseums ausgeschrieben, den Diener & Diener gewannen. Den drei- bis fünfgeschossigen Museumsaufsatz aus rahmenlos gefügtem Gussglas – wie er gerne für Industriebauten genutzt wird – begründeten die Architekten damals wie folgt: Würde das Kontinuum der erhaltenen Bauten, Räume und Maschinen unterbrochen, würde die ganze Anlage ihre Kraft einbüßen. »Durch die Aufstockung wird das Industriedenkmal, das in einmaliger Weise den Prozess der Kohlegewinnung vergegenwärtigt, erneuert. Das neu zu nutzende, intakte Alte wird nicht umgestaltet, sondern durch die analoge Weiterführung seiner Struktur wie seiner Funktion als Produktionsstätte und dynamischer Umschlagplatz in gewandelter Form bewahrt und in seiner besonderen Authentizität als Denkmal gesteigert. Der Ort wird nicht domestiziert, die Geschichte nicht bereinigt, die Erinnerung nicht eingefroren. Das weithin sichtbare Ruhrdeck signalisiert Wiederbelebung, Wandel und Zukunft der Industrielandschaft auf dem Unterbau der Vergangenheit.«

So sympathisch mir dieser Gedanke des Belassens der Kohlenwäsche war, so richtig jeder Satz der Begründung war, so sehr bezweifelte ich damals, dass der 15.000-Quadratmeter-Bau die Schupp-Kremmer'sche Gesamtanlage nicht aus dem Gleichgewicht bringen würde, tags und vor allem nachts. Auch bezweifelte ich, dass eine Lastabtragung nicht doch erhebliche Eingriffe in die Fabrikeinheit bedeuten und

21

feuerpolizeiliche Bestimmungen zu unerträglichen Verkleidungen führen würden. Meine Idealvorstellung war: Die Kohlenwäsche als letztes verbliebenes Exponat seiner selbst auf der Ex-Zeche zu erhalten und das Museum entweder als Neubau auf einer Brache daneben zu errichten – etwa da, wo heute das beeindruckend dünnhäutige Gebäude von SANAA für eine bereits wieder abgeschaffte Design- und Wirtschaftsakademie steht. Oder das Museum in einem Bunker zu installieren, der bereits für Ausstellungszwecke hergerichtet worden war und später als »engagierte« Galerie zeitgenössischer Kunst scheiterte.

Was passierte? Diener & Diener bekamen auch aufgrund der Intervention von ICOMOS und UNESCO keinen Bauauftrag. Dann wurde ein Masterplan für die städtebauliche Gesamtentwicklung des Welterbes Zeche und Kokerei Zollverein ausgeschrieben und bei OMA und Rem Koolhaas in Auftrag gegeben. Auch Koolhaas war begeistert von der völlig intakten Kohlenwäsche und schlug einen eigenständigen Neubau für das Besucherzentrum und das Museum vor. Gleichwohl wurde Koolhaas mit dem Ausbau der Kohlenwäsche beauftragt – ohne Ausschreibung, die für einen Neubau zwingend notwendig gewesen wäre, und ohne Berücksichtigung der ehemaligen Wettbewerbssieger Diener & Diener. Die Implantierung des Ruhrmuseums hatte schließlich einen immensen Substanzaustausch und -verlust zur Folge. Die Kohlenwäsche wurde nicht nur domestiziert, sie wurde mutwillig fragmentiert, mehr Designobjekt denn Industriedenkmal. Eine Rekonstruktion mit ein paar nostalgisch anmutenden Maschinen. Eine perfekte, mit Leuchtröhren unterstrichene Illustration der stets aktualisierten Kulturhauptstadt-Ruhr-Folklore. Und natürlich gibt es auch einen gläsernen Aufsatz nebst Aussichtsdeck. Die Einrichtung eines Museums in dieser Architektur der Zwänge und Kompromisse durch HG Merz war ein Akt für sich. Und ich bin mir nicht sicher, ob sich dieses neue Ruhrmuseum auf Zeche Zollverein, beginnend auf Ebene 24 der ehemaligen Kohlenwäsche, besser und nachhaltiger etabliert als an seinem alten Standort neben dem Folkwang Museum in Essen. Immerhin hat sein Umzug dazu geführt, dass das Folkwang Museum eine edle Erweiterung und Neuerschließung durch David Chipperfield Architects erfuhr. Aber das wäre eine andere Geschichte zum musealen Bauen im Bestand.

Dresdner Residenzschloss
mit Überdachung
Luftaufnahme 2008

DIALOG UND WIDERSPRUCH IM UMGANG ZWISCHEN ALT UND NEU _

Peter Kulka RESIDENZSCHLOSS UND HYGIENE-MUSEUM IN DRESDEN

Dresdner Residenzschloss
oben: Schnitt
unten: Rekonstruktion der
Englischen Treppe

Als ich in den späten 1960er-Jahren mit meiner Arbeit als selbstständiger Architekt begann, ahnte ich nicht, dass das Thema »Bauen im Bestand« in meinem Werk so viel Raum einnehmen würde. Jeder, der mich kennt, weiß, dass ich die moderne Architektur liebe: Ich bin in ihr groß geworden, in einer Siedlung in Dresden, die von Hans Richter (einem Freund von Walter Gropius) gebaut wurde. Nun erlebe ich als Architekt, wie die Moderne in die Jahre gekommen ist, wie sich die Gesellschaft verändert, und damit auch die Bauaufgaben.

Über die Aufgaben im Museumsbau ist schon eine Menge gesagt worden. Museen, die sich nicht verändern, nicht aktuell bleiben, sind letzten Endes zum Sterben verurteilt. Das bedeutet, dass sich die Museumslandschaft ständig neu erfinden muss. Ein Aspekt ist dabei bis jetzt ein bisschen zu kurz gekommen, der im Zusammenhang mit »Bauen im Bestand« aufkam: das Thema der Rekonstruktion und die Frage, wie man so etwas macht. Ich möchte dazu ein eigenes Projekt in meine Betrachtung miteinbeziehen: das Beispiel des Dresdner Schlosses, von dem nach 1945 nur noch die Umfassungsmauern gestanden haben.

Als Kind eines Architekten habe ich den Untergang meiner Heimatstadt Dresden hautnah miterlebt. Und als moderner Architekt stehe ich teilweise fassungslos in der gleichen Stadt und muss zur Kenntnis nehmen, wie jüngere Generationen ein ungeheures Engagement für das Wiederaufleben der Vergangenheit und für die Rekonstruktion entwickeln.

Das Dresdner Schloss ist eine Anlage mit einer Geschichte von 850 und mehr Jahren. Es bildet die Keimzelle der Stadt. Im Zentrum Dresdens gelegen, wurde es immer wieder verändert. Was heute dort zu sehen ist, ist eigentlich nicht mehr Renaissance, sondern Neorenaissance, überformte historische Mauern, die wirklich 700 Jahre in sich tragen und ständig von den unterschiedlichsten, teils weltberühmten Architekten wie Pöppelmann, aber auch von namenlosen Architekten bearbeitet worden sind. Der Korrektheit halber muss ich darauf hinweisen, dass die Planungen für das Schloss nur zu Teilen in meinen Händen liegen. Der Freistaat Sachsen hat sich entschieden, an diesem Schloss – so hat es die Geschichte immer gemacht – mit verschiedenen Architekten zu bauen.

Nicht nur der Zweite Weltkrieg hat in das Schloss eine Schneise geschlagen, sondern auch die Mangelwirtschaft in der DDR, als man keinen Kran besaß, mit dem man in den Hof hätte hineingelangen können. So hat man sich quasi hindurchgebrochen. 1985 wurde schließlich beschlossen, das Residenzschloss wieder aufzubauen.

25

»Türckische Cammer« mit
dem osmanischen Dreimastzelt im
Dresdner Residenzschloss

»Riesensaal«, Perspektive
im Dresdner Residenzschloss

Das Ziel war, die ungeheuren Schätze der Staatlichen Kunstsammlungen, die ihren Standort nicht in der Gemäldegalerie Alte Meister im Semperbau oder in der Galerie Neue Meister im Albertinum finden konnten, im Schloss unterzubringen. Große Teile dieser Schatzsammlung liegen bis heute im Depot und können gar nicht gezeigt werden. Für mich ist eine Frage immer von zentraler Bedeutung – und wir erleben das gerade im Zusammenhang mit den Schloss-Diskussionen in Berlin und Potsdam –, dass für ein bestehendes Gebäude oder ein Denkmal eine adäquate Nutzung gefunden werden muss. Berlin scheitert im Moment nicht allein daran, dass das Geld zu knapp geworden ist. Das ist es in Dresden auch. Berlin scheitert meiner Ansicht nach eigentlich daran, dass man noch einmal über eine wirklich sinnvolle Nutzung nachdenken müsste, wenn man denn ein »Stadtschloss« meint und wieder haben will.

Aber zurück nach Dresden: Durch den Eingriff in die Bausubstanz des Schlosses hat man plötzlich festgestellt, dass es Teile gibt, die noch viel älter sind als das Schloss selbst. Am Gipsmodell des Stadtzentrums sieht man den räumlichen Zusammenhang sehr schön: der Zwinger, das Schloss, an der Achse Augustusbrücke gelegen, und weiter die Lebensachse der Stadt über die Altstadt hinweg bis zum Hauptbahnhof. Es handelt sich um eine außergewöhnlich vitale Achse. Und obwohl das Zentrum ja immer noch ein Rudiment ist, bildet sie letzten Endes den Lebensnerv Dresdens.

Die Denkmalpflege hat es während der DDR-Zeit über Jahrzehnte hinweg geschafft, die Schlossruine zu halten: den großen Schlosshof, den kleinen Schlosshof, das Georgentor. Durch das Georgentor auf der Ostseite betreten die Besucher die Schlossanlage. Es entstand ursprünglich zur Zeit Moritz' von Sachsen und bildete nach dem Heidelberger Schloss eine der berühmtesten Renaissance-Architekturen Deutschlands.

Für uns als Architekten gab es folgendes Problem: Eine Schlossanlage als Museum zu nutzen, ist mit hohen funktionalen und technischen Anforderungen verbunden. Das gilt in Dresden nicht zuletzt auch für die äußerst diffizilen Kunstwerke, wie die 500 Jahre alten Bekleidungsstücke der kurfürstlichen Familie – angefangen von den Kinder- bis hin zu den Hochzeitskleidern –, die dort entsprechend den heute gültigen museumstechnologischen Vorstellungen aufbewahrt und gezeigt werden. Diese modernen Anforderungen müssen mit dem alten Bild vom Schloss in Einklang gebracht werden. Ein fast unmögliches Unterfangen, denn im Dresdner Schloss entsteht dafür so etwas wie eine Hightech-Architektur, die die Kunstwerke quasi beatmet.

27

Es gab für uns noch eine weitere Herausforderung: Wie ist das Haus zu er-schließen? Schlösser bestehen aus Raumfluchten, in denen man von Raum zu Raum gelangt. Für ein Museum, das einen Rundlauf vorgibt, ist das eine gute Sache. Doch es gab im Schloss keinen Platz für eine zentrale Anlaufstelle. Wer die Dresdner Museen kennt, der weiß, dass sie ein enormes Besucheraufkommen haben. Daher wurde der kleine Schlosshof in eine für das Denkmal verträgliche zentrale Anlaufstelle verwan-delt und dazu mit einer transparenten Schalenkuppel überdacht. Die Konstruktion konnte in die bereits an zwei Stellen wiederhergestellte historische Stahlunterkons-truktionen der Dächer eingeleitet werden. Bei der Kuppel handelt es sich nicht um eine der üblichen Dreieckskonstruktionen, sondern um eine der Kuppel der Hagia Sophia vergleichbare Struktur – nur transparenter ausgeführt. Die Schalenkuppel wird über einen Ring in diese diffizile, in keiner Weise rechtwinkelige Konstruktion des Schlosses eingefügt, die teils vorhanden war und teils neu geschaffen werden musste. Hinzu kommt, dass aufgrund der Geometrie und Unregelmäßigkeiten keine dieser etwa fünf Meter großen Rauten der Kuppelkonstruktion einer anderen gleicht.

Zu lösen war auch die Frage: Wie organisiere ich dieses Haus mit seinen archäo-logischen Befunden. Wir haben uns entschlossen, diese Strukturen sichtbar und be-gehbar zu machen. Zum Beispiel die Kemenate: Dort werden die archäologischen Befunde präsentiert. Für die Gotische Halle, in der die Gewölbe nicht mehr vorhan-den waren, wurden die Steine nachgebrannt, um das Gewölbe wieder zu schließen. Dieses Gewölbe, dieser älteste Teil des Schlosses, wird künftig Schlossmuseum, in dem jene historischen Objekte, Plastiken und Skulpturen zu sehen sein werden, die nicht wieder ortsfest eingebaut werden.

Ebenfalls kennzeichnend für den Renaissance-Hof sind die Wendelsteine. An die-ser Stelle haben wir – als ein modernes Büro – den radikalen Entschluss gefasst, wie die alten Meister Wendelsteine zu zeichnen und zu ergänzen.

Angesichts der dramatischen Verluste an historischer Bausubstanz, die die Stadt Dresden erlitten hat, wäre es für mich nicht vorstellbar gewesen darauf zu verzichten, den Eckturm des Renaissance-Hofes mit seinen sehr wertvollen Restbeständen des Bildhauers Hans Walther nicht zu ergänzen. Daher haben wir in einer vorsichtigen, auf Modellen gestützten Arbeit das Ganze zurückgewonnen.

Das gilt auch für die Englische Treppe, das Haupttreppenhaus des Dresdner Schlosses, die bereits zu Beginn des 19. Jahrhunderts überformt worden war. Dar-unter befindet sich eine Barocktreppe, die Pöppelmann als zweiter Baumeister ver-

Hygiene-Museum Dresden
oben: Foyer
unten: Grundriss Erdgeschoss

Leopold-Hoesch-Museum
in Düren, Erweiterungsbau

ändert hat und die von Gustav Dunger und Gustav Frölich 1895 erneut überformt worden ist. Als wir dort anfingen, war ihr Zustand problematisch. Die Balustraden stammten von Pöppelmann, doch die Stützen waren nicht mehr tragfähig. Wunsch der Denkmalpflege war es, diesen Hauptzugang wieder zugänglich zu machen. Heute hat er alle diese Schichten wieder, nur Licht und Beleuchtung der Decke wurden verändert. Die Englische Treppe bildet einen offenen und öffentlichen Zugang, ebenso wie der kleine Schlosshof. Das Schloss ist nun von allen vier Seiten der Stadt begehbar, wird zum öffentlichen Raum und soll bis in die Nacht hinein auch als Stadtraum offen bleiben. Die Kunstsammlungen in Dresden stützen dieses Konzept, und ich finde das sehr wichtig, denn noch wichtiger als die Architektur ist die Funktion als Kreuzungspunkt in der Stadt, der auch das Museum zum öffentlichen Raum macht.

Ein weiteres Problem in Dresden bildet der Mythos der Vergangenheit, beispielsweise der »Riesensaal« der Residenz, der seit über 300 Jahren verschwunden ist. Genau dort schaffen wir nun Raum für die Rüstkammer. Wir lassen den Raum in seiner Kubatur wiederentstehen, mit den alten Mauern, die nicht angetastet werden. Diese sind uns heilig. Zugleich stehen wir vor der Aufgabe, das Thema »Turnier« in Ausstellungsarchitektur umzusetzen. Allerdings müssen die Exponate zum großen Teil »beatmet« werden und sind deshalb nur in Vitrinen zu sehen. Gleichwohl soll der Gesamteindruck des Raumes die Erinnerung an den alten Riesensaal wachrufen, soll dessen Geometrie erkennbar werden. Möglich ist dies nur, wenn völlig neue Schichten für Beleuchtung und Belüftung eingefügt werden.

Gleich neben der Englischen Treppe befindet sich die wiedereröffnete Türkische Kammer. Dort haben wir unser Konzept bereits umgesetzt: Die in diesem Bereich ausgestellten einmaligen Objekte dürfen lediglich ein Minimum an Licht bekommen. Etwa das Türkische Zelt, das nur noch zur Hälfte erhalten ist, weil sich russische Soldaten im kalten Winter 1945 Schlafsäcke aus der anderen Hälfte gefertigt haben. Auf der ganzen Welt gibt es nur noch vier Zelte von dieser Größe aus dem Osmanischen Reich. Den rudimentären Charakter des Zeltes haben wir genutzt, um die Besucher unter sein Dach zu führen, und haben und so eine einzigartige Rauminszenierung geschaffen.

Eine ganz andere Situation als am Dresdner Schloss haben wir im Deutschen Hygiene-Museum Dresden vorgefunden, einem Denkmal der Neuen Sachlichkeit. Der Bau war der Stadt Dresden 1929/30 geschenkt worden. Den Zusatz »Deutsches« Hygiene-Museum bekam die 1912 gegründete Institution von den Nationalsozialisten übergestülpt. Es ist ein sehr schönes Haus, das wir mit wenigen Mitteln verändern wollten. Die monumentale Hauptfront des Denkmals endete in einer Apsis, in der die Göttin der Gesundheit zu sehen war, die Hygieia. Darin spiegelte sich die Auffassung der Neuen Sachlichkeit, dieses neuen Klassizismus, wider. Von dort gelangten die Besucher in einen Rundgang, in eine U-förmige Anlage, die wir erhalten konnten. Gleichzeitig haben wir dieses Haus in die Seiten hinein, die nur als kleine Funktionsräume dienten, erweitert. Dort befanden sich Café und Buchshop. Wir mussten wegen der Hochwassergefahr in Dresden neue Depots schaffen. Dafür haben wir den Hof begehbar, bespielbar gemacht. Hier können jetzt Kinoveranstaltungen stattfinden. Zudem konnten wir einen neuen multifunktionalen Saal verwirklichen, der sowohl Ausstellungs- als auch Veranstaltungsraum sein kann.

Die monumentale, steinerne Empfangshalle haben wir zur Eingangshalle gemacht, seitlich davon kam das Café unter. Zu den besonderen Schwierigkeiten gehörte das Raumklima des Museums. Dafür mussten wir unter Beachtung denkmalpflegerischer Vorgaben eine neue Raumschale einstellen, die auch die Technik aufnimmt.

Lassen Sie mich abschließend noch kurz unser Projekt in Düren vorstellen, einer mittelgroßen Stadt zwischen Köln und Aachen, die es heute schwer hat. Düren war immer sehr reich. So entstand dort das Leopold-Hoesch-Museum, das eher als Villa zu bezeichnen ist, mit einer sehr schönen Sammlung. Das Museum besitzt ein riesiges Treppenhaus, das übermächtig ist. Wir standen vor einer eigentlich ganz kleinen Aufgabe, die Museumsräume dieser Villa zu erweitern. Unser Gedanke bei diesem Bau war, dass wir ihm einen neuen Partner geben wollten, der die Geometrie bewusst bescheiden aufnimmt, jedoch neue Wege geht. Dafür haben wir neue Übergänge gestaltet, durch die ein Lichtraum entsteht, der als Ausstellungsfläche genutzt werden kann. Bereits vor Langem geplant, war die Umsetzung nun nach 30 Jahren möglich, weil ein Stifter hierfür Geld gegeben hatte. Das ganze Bauwerk wurde für 5,5 Millionen Mark saniert und ist so gerettet worden.

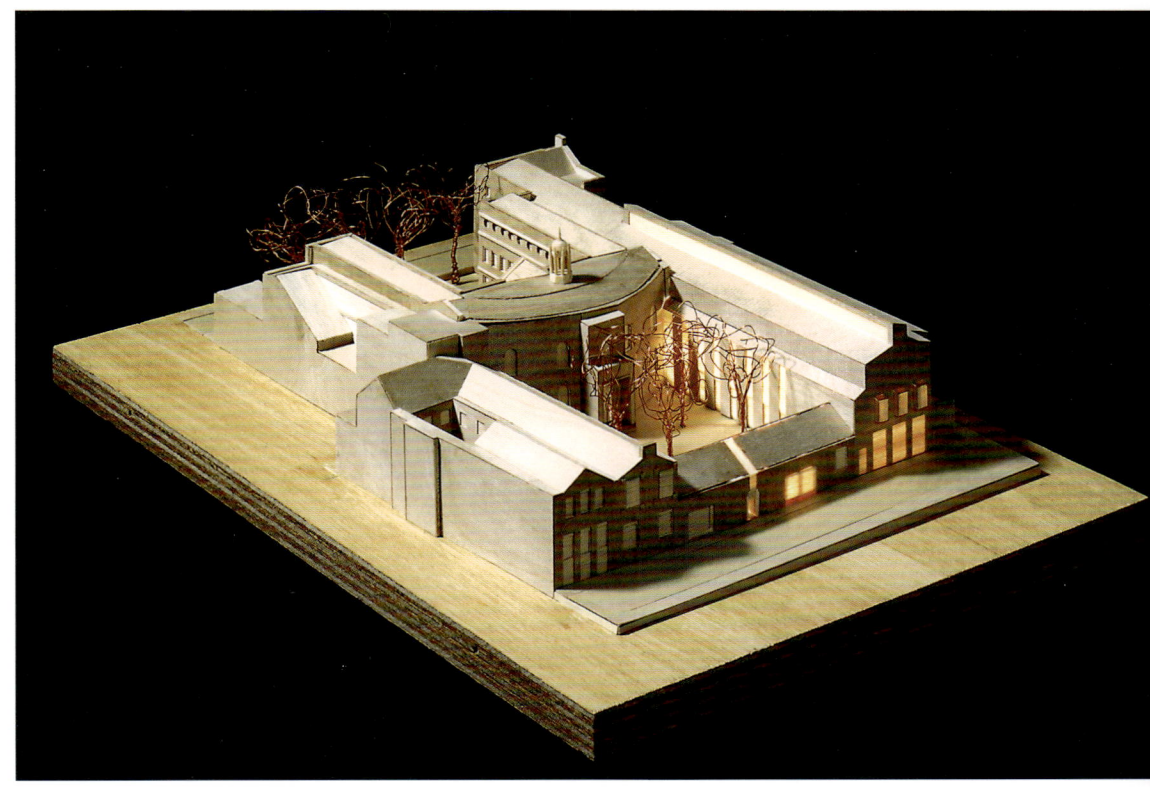

Modell für Bluecoat Chambers
in Liverpool

CALL AND RESPONSE – POLYPHONES WECHSELSPIEL

BLUECOAT LIVERPOOL

Hans van der Heijden

Das älteste Gebäude Liverpools, das Bluecoat Chambers, wurde im Jahr 1717 als Armenschule errichtet und dient seit Anfang des 20. Jahrhunderts als Kunst- und Kulturzentrum. Im Jahr 2001 bestand dringender Sanierungsbedarf. Der im Laufe der Zeit immer wieder veränderte und erweiterte Gebäudekomplex entsprach nicht mehr modernen Anforderungen an einen behindertengerechten Zugang, so dass die Schließung drohte. Eine Generalüberholung war nötig. Um die dazu erforderlichen Bauarbeiten finanzieren zu können, musste die wirtschaftlich rentable Nutzfläche vergrößert werden.

Zu diesem Zeitpunkt bildete das Bluecoat Chambers einen lebendigen Ort in der Innenstadt. Dabei spielten verschiedene Umstände zusammen: Das Kunst- und Kulturzentrum, kurz »The Bluecoat« genannt, war aus dem Zusammenschluss eines ehemaligen Mieters, einer Kunsteinrichtung und eines für den Betrieb des Baudenkmals zuständigen Fonds hervorgegangen. Besucher kamen aus zweierlei Gründen: Bauwerk und Kunst. Das Bluecoat fungierte gleichzeitig als Avantgarde-Institut und als Gemeindehaus. An diesem Ort der Erholung und Begegnung fanden zum Beispiel die legendären Auftritte von Yoko Ono und Captain Beefheart statt. Das Bluecoat Chambers beherbergte Ausstellungsräume, ein Theater, Ateliers, Übungsräume für Tänzer und Musiker, Unterrichtsräume, Büros von Kunsteinrichtungen und Designagenturen, Geschäfte und Gastronomieeinrichtungen. Hier existierte eine pulsierende Idylle, die angehende Architekten so gern beschwören, um ihren Entwurf zu rechtfertigen. Skepsis war in diesem Fall jedoch gänzlich unangebracht. Idylle war keine Entwurfsbedingung – ganz im Gegenteil. Der Entwurf war Voraussetzung für den Erhalt des Bluecoat Chambers als öffentliches Gebäude. Ein Vergleich mit der Tate Modern verbot sich, mit deren ehemaliger Turbinenhalle durch den Umbau ein architektonisches Statement geschaffen wurde, das seinen festen Platz in der urbanen Kultur gefunden hat. Vielleicht war das einer der Gründe, warum biq als im Museumsbereich unerfahrenes Architektenbüro den Auftrag erhielt. Bei der Auftragsannahme im Jahr 2001 äußerten die Rotterdamer Architekten, die Architektur eigne sich nicht für großartige Innovationen.

Bauweise _____ Die Ästhetik des Bluecoat Chambers resultiert aus dem typologischen Grundkonzept und seinem Baustil. Der unterkühlte britische Barock im Queen-Anne-Stil hat lobenden Eingang in die Literatur gefunden. Die eigentliche typologische Qualität des Gebäudes liegt jedoch tiefer und ist grundsätzlicher Natur. Der

H-förmig angelegte Gebäudekomplex umschloss von jeher zwei Höfe. Dank dieser Doppelhofstruktur konnte das Gebäude im Laufe der Zeit ohne Zerstörung des Raumkonzepts erweitert werden. Der Charakter der halböffentlichen Höfe wurde 2001 neu interpretiert. An der Vorderseite befand sich ein gepflasterter Hof, der seitlich an ein innerstädtisches Einkaufsviertel grenzte. Der rückwärtige Hof war als Garten angelegt und von der Straße nicht einsehbar. Die Rückseite des Gebäudes grenzte an ein heruntergekommenes Innenstadtareal. Hier sollte ein riesiges Einkaufszentrum entstehen. Das Bluecoat Chambers lag genau zwischen altem und neuem Einkaufsviertel. Die Doppelhofstruktur des Gebäudes eignete sich bestens, um als Bindeglied zwischen beiden Arealen zu fungieren.

Den im Zweiten Weltkrieg zerstörten Flügel an der Rückseite zu neuem Leben zu erwecken und weitestgehend in den Gesamtkomplex zu integrieren, lag auf der Hand, denn ein autarker Gebäudeteil hätte die typologische Klarheit verwässert. Die Restaurierung und Erweiterung des Gebäudes bildete eine Gesamtaufgabe, wobei auf Kontraste verzichtet wurde.

Auch im Inneren des Baukörpers herrschte typologische Klarheit, wenngleich diese weniger deutlich erkennbar war. Die zentral gelegenen Säle, einst als Kapelle und Mensa genutzt, waren durch Trennwände unterteilt. Im Entwurf haben diese hallenartigen Räume ihre ursprüngliche Größe und ihren öffentlichen Charakter zurückerhalten. Die Eingangshalle im Erdgeschoss ist von beiden Höfen zugänglich und Teil der Fußgängerpassage zwischen der alten und neuen Innenstadt Liverpools. Der in der ersten Etage befindliche ehemalige Speisesaal wird heute als Restaurant genutzt.

Proportion _____ Aufgrund der diversen Erweiterungen im Laufe der Zeit mangelt es dem Bluecoat Chambers an stilistischer Geschlossenheit. Die Proportionen des Gebäudes weisen hingegen mehr Konsistenz auf. Es handelt sich um einen Bau aus tragendem Mauerwerk mit Holzfußböden. Tür- und Fensteröffnungen haben deshalb eine begrenzte Breite und sind überwiegend vertikal in den Aufriss platziert. Dadurch entsteht quasi von selbst ein proportionaler Rhythmus, der sich durch das ganze Gebäude zieht.

Die Konsistenz der Proportionen gilt für den gesamten Baukörper. Durch die Doppelhofanlage an dieser Stelle in der Stadt wird die Höhe der Gebäude im Verhältnis zu den umschlossenen Höfen beschränkt. Die Proportionen des neuen Flügels an der Rückseite leiten sich aus den bestehenden Gebäuden ab. Er erscheint als großes Haus mit einem Spitzdach mitten in der Stadt. An das Haus schmiegt sich ein niedriger Anbau. Die Traufhöhe entspricht der des gegenüberliegenden Flügels. Die Dachtraufe des betreffenden Hauses ist genauso hoch wie die Rotunde, an die sich die zentralen Hallen des Bluecoat Chambers anschließen. Das Oberlicht liegt unter der Höhe der Laternen des alten Gebäudes.

Die Proportionen der Fassade spiegeln nicht nur den räumlichen Kontext wider, sondern auch den tektonischen Aufbau des Flügels. So lässt eine Schnittansicht des Gebäudes die Anlehnungen an das Stadtbild erkennen. Hinter den Stirnfassaden befinden sich zwei Ausstellungsräume. Tiefer im Gebäudeinneren entwickelt sich der Anbau zu einer Art Säulengang, an dem sich sowohl die große Galerie im Erdgeschoss als auch der Vorführungssaal im ersten Stock orientieren. Auch in den einzelnen Elementen der innenarchitektonischen Gestaltung spiegeln sich die historisch vorhandenen Proportionen des Ensembles wider.

Raumform _____ Das Bluecoat Chambers ist zellenförmig aufgebaut. Der älteste Gebäudeteil zu beiden Seiten des Vorderhofs besteht aus quadratischen Räumen, die über den Hof erschlossen wurden. Die rückwärtige tragende Mauer wurde vor zwei Jahrhunderten durchbrochen und in ungefähr gleicher Volumentiefe mit Räumen versehen. Zu diesem Zeitpunkt erhielt das Gebäude Korridore. Dieses »doppelbäuchige« Prinzip prägt alle Flügel, deren Räume in ihrer Größe variieren. Auch der frühere Speisesaal und die Kapelle im Mittelblock sind als große, klar definierte und autarke Räume zu sehen. Aus diesem Prinzip leitet sich die Raumform des neuen Flügels ab. Man geht von Raum zu Raum, modernistisch fließende Räume gibt es nicht, auch wenn die Räume auf eine relativ komplexe Art aneinandergehängt sind. Jeder Raum hat seine eigene räumliche Qualität und Ausführung, die jeweils auf praktischen Überlegungen fußen.

Geometrie _____ Die tragenden Wände des neuen Flügels befinden sich in Längsrichtung. Wände und Böden lehnen sich buchstäblich und im übertragenen Sinne an das alte Gebäude an. Die Durchbrechung der langen Fassadenwand entspricht exakt den Maßen der Fensteröffnungen und Zwischenräume des gegenüberliegenden Flügels. Dieses Muster bestimmt die Geometrie des neuen Flügels. Das Rastermaß der Wände am Säulengang leitet sich daraus ab, verzichtet jedoch auf eine Imitation der Höhe und des Detailgrads der historischen

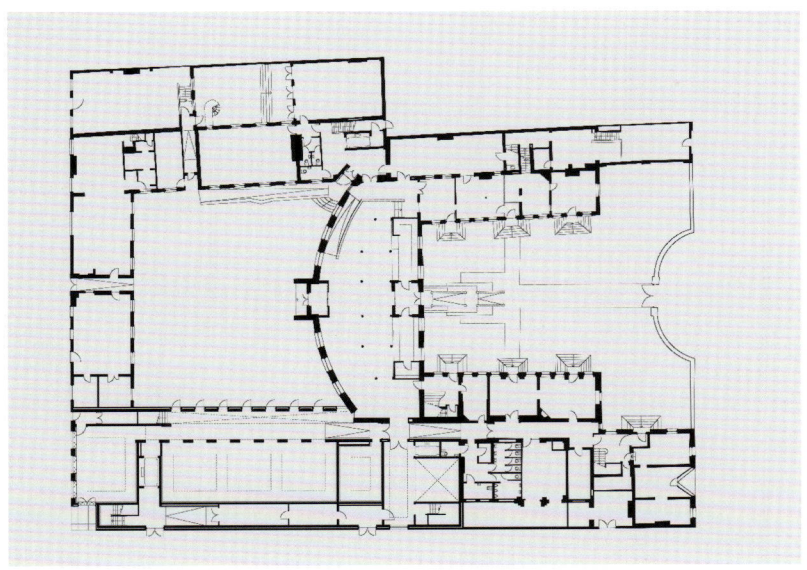

Bluecoat Chambers
oben: Grundriss
unten: historischer Ehrenhof

Fensteröffnungen. Der Neubau folgt den konsistenten Proportionen des Gesamtkomplexes und interpretiert diese.

Publikumsverkehr _____ Die Führung der verschiedenen Besucherströme durch dieses öffentliche Gebäude ist komplex. Zwei neue Treppenhäuser mit Aufzügen wurden an strategisch günstigen Stellen angeordnet. Sie befinden sich an der Wegekreuzung der Flügel und sind von der Eingangshalle aus sichtbar. Jeder Flügel lässt sich (ab-)schließen. Mit dieser Entscheidung setzt sich die bestehende Tendenz fort, nicht den Vorderhof, sondern die dahinter liegenden Korridore für den Publikumsverkehr zu nutzen. Durch Treppen, Fahrstühle und Rampen sind die dreißig verschiedenen Ebenen des Komplexes behindertengerecht gestaltet.

Material _____ Beim Bluecoat Chambers handelt es sich um einen Klinkerbau. Daraus ergeben sich Proportionen, Raumform und Geometrie. Mit jedem in der Vergangenheit durchgeführten Eingriff kam ein anderer Farbton, ein anderes Format, ein neuer Fugenmörtel und Mauerverband hinzu. Die Oberflächen im Inneren des Gebäudes sind minimal bearbeitet, die ältesten Wände wurden mit Putz versehen, unter den man Pferdehaar gemischt hatte. Die Fußböden bestanden aus Holzdielen, später kamen lediglich unterschiedliche einfache Sockelleisten und Paneeltüren hinzu.

Der neue Flügel steht komplett auf einem Klinkerraster. Sowohl die Fassaden als auch das Gebäudeinnere sind als Ziegelverband ausgeführt, wobei die Steine in Blockanordnung in Längsrichtung des Gebäudes gestapelt sind. Hier findet ein architektonisches Spiel mit dem Thema der Extrusion statt, denn im 21. Jahrhundert ist die Ausführung massiver Klinkerfassaden nicht mehr zulässig. Das Stapeln der Steine ist eine ästhetische Idee. Aus bautechnischer Sicht ist ein solcher Mauerverband natürlich instabil, weshalb verschiedene Hilfskonstruktionen aus Beton erforderlich waren. Der Beton ist mit dem Mauerwerk verflochten und an manchen Stellen in Wand und Decke unverputzt sichtbar. Die Außenhaut des Baus besteht aus Strangpressverblendern in verschiedenen Farbnuancen, in denen sich sämtliche ins Violett-Braune changierenden Töne des unterschiedlich alten Mauerwerks des Bluecoat Chambers wiederfinden.

Im Inneren des Gebäudes ist das Mauerwerk transparent mit Weißkalk getüncht. Im alten Gebäudeteil wurden die Wände lediglich geweißt sowie Holzdecken für Leitungen eingezogen und graue Holzstücke für Fußleisten, Rahmen und Blenden angebracht.

38

Kontextualismus und Methodik _____ Im Dialog mit dem Bluecoat stellte sich für biq die Aufgabe nicht vordergründig in Form einer Frage von Stil, Gestalt oder Optik, sondern vielmehr in grundsätzlichen architektonischen Kategorien wie Bauweise und Ausführung, Proportion, Raumform, Publikumsstrom und Baustoff. Der physische Kontext des Gebäudekomplexes bildete damit den thematischen Ausgangspunkt für den Entwurf. Die neue Bedeutung des Gebäudes in der Innenstadt und die beengte Baufläche stellten eine Reihe logistischer und räumlicher Anforderungen, die das ohnehin vielschichtige und schwierige Vorhaben noch verkomplizierten. Der Entwurf für das Bluecoat Chambers ist damit letztlich keineswegs das Resultat des kreativen Schöpfungsakts eines Einzelnen, sondern das Ergebnis einer gemeinsamen Anstrengung, bei der insbesondere Bryan Biggs als Direktor und Projektleiterin Charlotte Myhrum eine führende Rolle spielten. Sie waren es, die auf einem gemeinsamen Streifzug durch jüngst erbaute Kunstzentren Gefallen an der rustikalen »Tramway«-Galerie in Glasgow fanden. In dem robusten Straßenbahndepot aus Backstein erkannten sie eine Umgebung, in der Kunst nicht nur konsumiert, sondern auch geschaffen werden kann. Biggs und Myhrum entdeckten einen Bau, der ihnen als Inspiration für ihren neuen Flügel dienen konnte. Damit war zweifelsohne ein entscheidender künstlerischer Impuls im Planungs- und Gestaltungsprozess gesetzt.

In seinem Buch »Song and Circumstance« beschäftigt sich Sytze Steenstra mit den verschiedenen Schaffensansätzen des Rockmusikers und Künstlers David Byrne. Der Anti-Individualismus (bzw. die Unpersönlichkeit) seiner Band »Talking Heads« bietet Ansatzpunkte für ein Nachdenken über den Kontextualismus in der Architektur. Die Idee des Anti-Individualismus kulminierte im Album »Remain in Light«, das in Zusammenarbeit mit dem Tonkünstler Brian Eno produziert wurde. Einflüsse afrikanischer Volksmusik sind in diesem Album unverkennbar. Im Gegensatz zur westlichen Musik im Allgemeinen fehlt eine festgelegte Hierarchie, vielmehr sind verschiedene Perspektiven möglich. Die musikalische Darbietung folgt dem Call-and-Response- sowie dem Solo-and-Circle-Prinzip (d. h. dem Prinzip von Vorsänger und Chor), wobei der Unterschied zwischen Produzenten und Publikum verschwimmt. Die Musik entsteht aus dem Beitrag aller Anwesenden, manchmal auch durch rhythmisches Klatschen. Afrikanische Musik ist ein Produkt der Einbeziehung, während westliche Musik traditionell den Abstand zum Publikum wahrt und auf ästhetischen Genuss ausgerichtet ist. Genau diese Phänomene wurden im »New-Wave« der 1970er- und 80er-Jahre kritisiert und von Byrne und Eno intellektuell erkundet.

Bluecoat Chambers
Fassadenabwicklungen

41

linke Seite: Bluecoat Chambers, Fassade
Schmalseite des Erweiterungsbaus

»Remain in Light« wurde von den Talking Heads gemeinsam mit einer Reihe von Gast-
musikern aufgenommen, die sich in der afrikanischen Musik zu Hause fühlten. Während Byrne und Eno sich in die Musiktheorie vertieften, lebten die Bandmitglieder
ihre Faszination für afrikanische Musik in der Praxis aus. Sie wollten auftreten, bevor
die Songs musikalisch vollendet waren, und distanzierten sich von Byrnes und Enos
Intellektualismus. »Ich habe diese Bücher nicht gelesen«, sagt Bassistin Tina Wey-
mouth. Die Aufnahmen für das Album waren unorthodox. Byrne wollte weniger vorab
festgelegte Lieder abspielen, sondern bat die Musiker, ihre Fertigkeiten zu üben. Das
Album entstand in einem Suchprozess, wobei ständig neue musikalische Schichten
aufgenommen, bearbeitet und wieder gelöscht wurden. Allmählich wurden die deut-
lichen afrikanischen Bezüge verwischt. Gitarrist Adrian Belew machte krächzende
Nashorngeräusche, die jeglicher Referenz entbehren. Das Album enthält Songs, in
denen sich zahlreiche musikalische Linien kreuzen. Die Texte, die in schwere Rhyth-
men gefasst sind, scheinen von isolierten Stimmen zu stammen. Es sind Fetzen von
Tatsachen und Botschaften: »Live facts, not fictions«, sagt Byrne.

Parallelen zur Entwurfsmethodik für das Bluecoat Chambers sind dabei erkennbar.
Auch hier ging es um eine fortlaufende Bearbeitung der unterschiedlichen Entwurfs-
schichten und vor allem verschiedenartige Inputs diverser Personen – vom Bassisten
bis zum Frontmann, vom Maurer bis zum Auftraggeber. Die einzelnen Beiträge waren
manchmal pragmatischer oder ästhetischer, intellektueller oder ideologischer Natur.
Routine und kreative Leidenschaft spielten ineinander. So wurde der Entwurf immer
wieder an intellektuellen und physischen Zielen sowie praktischer Machbarkeit ge-
messen, vor allem aber entstammte er nicht mehr nur der Feder einer einzelnen Per-
son. Der Architekt blieb dabei bei seinen Leisten – dem Entwurf von architektonischen
Artefakten. Der methodische Ansatz folgte einer offenen Arbeitsweise, die auch Kritik
zuließ.
    Das Bluecoat Chambers trägt Narben: Offensichtlich war der für die Betonar-
beiten zuständige Unterauftragnehmer mit wenig Lust bei der Sache. Im Gegensatz
dazu hat der Maurer die Blockanordnung mit überraschender Genauigkeit ausgeführt. Dass der Entwurf am Ende stimmig ist, ist weniger eine Frage der Urheber-
schaft, sondern der möglichst präzisen Auftragsdefinition, des gegenseitigen Aus-
tauschs und der inhaltlichen und formalen Abstimmung der einzelnen Entwurfs- und
Ausführungsaspekte. Wie bei »Remain in Light« war technisches Können Bedingung.

Endlose Überarbeitungsschleifen und das Ping-Pong-Spiel zwischen England und den Niederlanden waren nur dank moderner Zeichensoftware und Internet möglich.

Vielleicht werfen diese Ansätze neues Licht auf mögliche aktuelle inhaltliche Ansätze zum Thema des Kontextualismus in der Architektur. Regionale Bautechniken oder die Verfügbarkeit von örtlichen Baustoffen sind nicht mehr selbstverständlich grundlegende Gestaltungsbedingungen für ein Gebäude. Alles geht, alles ist möglich. Heutzutage ist ein kontextualer Entwurfsansatz eine bewusste Entscheidung, keine Unvermeidbarkeit. Das erklärt, warum manche Architekten den Kontextualismus künstlerisch als Möglichkeit auffassen, den Kontext auf ihre eigene Art zu lesen und zu bearbeiten. Letztendlich ist selbst die Arbeit eines rationalistischen Architekten wie Aldo Rossi bewusst subjektiviert. Seine Interpretation des physisch-urbanen Kontexts äußerte sich, so könnte man sagen, in einer vertikalen Integration. Zwischen Kontext und Aufgabe vermittelt hier die persönliche Kreativität des Gestalters. Die analoge Stadt, von der sich Rossi inspirieren ließ, war eine persönliche Sammlung von Referenzen und Bezügen. Byrnes von der Einzelperson entkoppelte Arbeitsweise nach dem Call-and-Response-Prinzip erscheint da produktiver, denn sie bezieht die breite Öffentlichkeit ein.

Übertragen auf die Entwurfsmethodik in der Architektur kann das Call-and-Response-Prinzip als horizontale Integration des Kontexts in den Entwurf verstanden werden, wobei der Kontext zu einer intellektuellen und gesellschaftlichen Umgebung erweitert wird, der Entwurf aber streng architektonisch bleibt. Der Architekt kann so einen alten Trumpf ausspielen: die Fähigkeit, komplexe Fragen zu strukturieren und eine Antwort darauf zu formulieren.

Museum San Telmo in San Sebastián
Erweiterungsbau

Enrique Sobejano

ERINNERUNG UND ERFINDUNG

1. Our projects already exist, unwittingly, in our memories. They reappear unexpectedly, triggered by strange associations we are scarcely aware of. We are bound to recollections, images, impressions that mostly occur in our childhood and adolescence and alter with new experiences, in permanent renewal. At some point a forgotten memory, an image, a sound or a phrase we recorded reappears in the process of every project: an indication that guides us towards a certain path.

2. Our projects lre dy exist, u witti gly, i our memories. They re ppe r u expectedly, triggered by str ge ssoci tio s we re sc rcely w re of. We re bou d to recollectio s, im ges, impressio s th t mostly occur i our childhood   d dolesce ce   d lter with ew experie ces, i perm e t re ew l. t some poi t forgotte memory,   im ge,   sou d or phr se we recorded re ppe rs i the process of every project: i dic tio th t guides us tow rds   cert i p th.

3. Ou p oj cts I   dy xist, u witti gly, i ou m mo i s. Th y   pp u xp ct dly, t igg d by st g ssoci tio s w   sc c ly w of. W   bou d to   coll ctio s, im g s, imp ssio s th t mostly occu i ou childhood   d dol sc c   d lt with   w xp i c s, i p m   t   w l. t som poi t fo gott   m mo y,   im g , sou d o   ph s w   co d d   pp s i th p oc ss of v y p oj ct: i dic tio th t guid s us tow ds   c t i p th.

46

Dieser Text, den wir vor einigen Jahren veröffentlicht haben, bringt verschiedene Vorstellungen über den Entwurfsprozess zum Ausdruck, die wir auch heute noch mit derselben Überzeugung unterschreiben wie damals, als wir sie zum ersten Mal formuliert haben. Es geht uns dabei nicht darum, an dieser Stelle über den Inhalt des Textes nachzudenken. Wir sollten vielmehr ganz im Gegenteil einen Schritt zurücktreten und uns nur auf die formale Struktur der einzelnen alphabetischen Zeichen konzentrieren. Stellen wir uns einen einfachen Zufallsprozess bei visuellen Texten und dichterischen Essays vor, die sich aus Worten, Buchstaben und deren Typografie zusammensetzen, bei dem sukzessive Zeichen und ihre jeweilige optische Kombination gelöscht werden: Wenn wir einen Konsonanten löschen, zum Beispiel das »n«, werden wir feststellen, dass der Text trotzdem einwandfrei verständlich ist. Löschen wir einen Vokal, das »a«, merken wir, dass wir ihn mit einigen Schwierigkeiten immer noch verstehen. Kann es sein, dass diese Buchstaben überflüssig waren? Dass man sie von Beginn an hätte weglassen können? Lassen Sie uns das Spiel fortsetzen: »r« verschwindet, dann »e« usw. in einem Verringerungsprozess, in dem das Weglassen jedes neuen Zeichens uns unweigerlich bis zu einem Punkt bringt, an dem die Wörter letztendlich unleserlich werden. Wir befinden uns schließlich am Ende eines experimentellen Wegs, an dem es nicht mehr möglich ist, weitere Buchstaben wegzulassen; an dem der Text nach und nach an Gewicht verloren und seine Bedeutung abgelegt hat, um sich in ein Werk zu verwandeln, das von seinem ursprünglichen Zweck völlig abweicht.

Wir sind uns in zunehmendem Maße der Schwierigkeiten bewusst, die der Versuch mit sich bringt, uns von einem Bauwerk abzugrenzen, wenn wir seine eigene Sprache verwenden. Seltsamerweise treten, wenn wir es in anderen Disziplinen untersuchen oder mit anderen Augen betrachten, die tieferen Ursachen am deutlichsten zutage. Dies geschieht, wenn wir das Gefühl haben, wir könnten einem Raum zuhören, eine Landschaft lesen, ein Musikstück sehen, seine verborgenen Strukturen fühlen. Das anfängliche visuelle Experiment, das Weglassen alphabetischer Zeichen, führt uns auch an andere Gebiete heran: Malerei, Geometrie, Kombinatorik, visuelle Poesie, gegenständliche Kunst. Das Ablegen von allem, was nicht unbedingt notwendig ist, und das Erkennen des Zeitpunkts, an dem man aufhören muss, bevor die Bedeutung eines Werks zu verschwimmen droht, ist für uns eine der vielsagendsten Metaphern für den geduldigen Prozess, den unsere Arbeit als Architekt beinhaltet.

Die archäologischen Überreste vergangener Bauwerke, die wir auf unseren Reisen besuchten, haben ihre äußere Hülle und ihre baulichen Besonderheiten schon vor langer Zeit verloren. Marmor, Stuck und Verzierungen verschwanden im Laufe der Zeit, was uns jedoch nicht davon abhält, die architektonischen Strukturen der unvollständigen Friesmuster der Medina Azahara, das Opus incertum in Mérida, die Mauern der uralten Festungen auf den Kanarischen Inseln und die Burgen in Deutschland vor dem geistigen Auge wieder auferstehen zu lassen. Bei unserem Spaziergang durch diese Ruinen, zwischen dem kahlen Mauerwerk und umgestürzten Säulengängen hindurch können wir immer noch den Raum und das Licht erkennen; wir können die Gesetze der Form und Baukunst erkennen, die sie entstehen ließen. Durch Zufall ist im Laufe der Zeit alles abgefallen, das anfangs möglicherweise überflüssig war, wie das Weglassen der Buchstaben aus diesen erbauten Texten – architektonische Elemente, die in einem Verringerungsprozess möglicherweise verzichtbar waren, welcher zu einem bestimmten Zeitpunkt angehalten wurde.

Die seltsame Steinlandschaft auf dem Jüdischen Friedhof in Prag birgt Grabsteine mit in Stein gemeißelten Texten, die nur von denjenigen gelesen werden können, die Hebräisch verstehen. Neben diesen Inschriften finden sich andere, deren Zeichen durch Wind und Regen im Laufe der Zeit unleserlich geworden sind, deren Einkerbungen mit Moos und Flechten überwuchert sind, die nun eine unverständliche Sprache sprechen; verschwommene Zeichen, die wir anhand unserer eigenen Erinnerungen und Erfahrungen umdeuten. Sie stehen nicht mehr für Namen oder Worte. Sie werden zu etwas völlig Anderem: zu kurzen, bruchstückhaften Texten, wie sie sich Kafka dort vorgestellt haben mag. Reliefs, die man nur noch durch eine Berührung wahrnehmen kann; Löcher und Texturen, die zukünftige Projekte anzukündigen scheinen.

Die Gemälde von Lyonel Feininger aus dem Jahr 1930 in der Stadt Halle (Saale) sind, wie wir bei der Betrachtung der im Museum in der Moritzburg ausgestellten vorbereitenden Serien erkennen, das Ergebnis eines geduldigen »Entschlackungsprozesses«. Die anfänglichen Skizzen und Zeichnungen zeigen nicht unbedingt lineare Sequenzen, in denen Figuren, Farben, Formen und Schatten – alphabetische Zeichen eines visuellen Texts – nach und nach entfernt wurden, was einen beharrlichen Wunsch nach Synthese ausdrückt. Die ausgestellten Versionen der Marienkirche und des Roten Turms in Halle, die Feininger als fertige Werke betrachtete, sind weder die leersten oder kahlsten Versionen, noch sind es die Werke, bei denen die meisten Elemente

48

Lyonel Feininger
Marienkirche mit dem Pfeil, 1930
Stiftung Moritzburg, Kunstmuseum
des Landes Sachsen-Anhalt, Halle

Jüdischer Friedhof in Prag
Detail eines Grabsteins

49

Universalmuseum Joanneum, Graz
Blick in den Hof mit unterirdischem
Besucherzentrum

Gefaltete Dachlandschaft
für das Kaufhaus Kastner & Öhler
in Graz

weggelassen wurden. Für den Künstler sind sie jedoch zweifellos die synthetischsten und ausdrucksstärksten Versionen. Ist es ein Widerspruch, ein expressionistisches Gemälde als Analogie für visuelle Texte mit schwindenden Buchstaben anzuführen, was wie ein Revival des geflügelten Worts »Weniger ist mehr« scheinen mag?

Wie die Hauptfiguren eines verstörenden Kafka-Textes sind wir nie völlig sicher, wohin wir gehen oder ob es wirklich eine bewusste Verbindung zwischen allem gibt, was wir denken, entwerfen und erschaffen. Wir ahnen allmählich, dass unser Schaffen nur dann bedeutsam wird, wenn es Werk für Werk betrachtet wird, als Summe von Teil- ergebnissen, in einem fortlaufenden Reduktionsprozess, in dem jedes Projekt eigens im Hinblick auf eine bestimmte Zeit und einen bestimmten Ort verstanden wird. So befinden wir uns in einer Zeit, die immer noch die Zeit einer modernen Architektur ist, die keineswegs überholt und somit immer noch gültig ist. Außerdem sehen wir uns in einem zeitgenössischen Kontext, den wir aufgrund seiner Nähe zu uns und seiner Komplexität nicht in vollem Umfang verstehen. Wir werden unweigerlich von den neuen Informations- und Kommunikationsmedien, Umweltproblemen, wissenschaftlichen und technologischen Neuerungen beeinflusst, die alle ständig zu Projekten und Ideen anre- gen und sich auf sie auswirken. Letztlich – oder vielleicht anfänglich – wird alles durch das gefiltert, was wir erlebt haben, woran wir uns erinnern und was wir uns vorgestellt haben: unsere eigenen Erinnerungen und Erfahrungen, unsere ganz eigene Sicht der Welt um uns herum.

Unserer Meinung nach ist es nicht möglich, ein Projekt zu erfassen, das nicht irgendwie von diesen drei Faktoren bestimmt wird. Niemals nehmen wir ein Bauwerk in Angriff, ohne zu versuchen, die genauen Umstände, unter denen es geschaffen wurde, zu ver- stehen und auf sie einzugehen. Auch glauben wir nicht, dass wir uns etwas vorstellen können, was wir nicht in irgendeiner Art und Weise in unserem Geiste, über unsere Sin- ne oder unsere Erinnerung erlebt haben. Jedes Projekt pendelt zwischen Erinnerung und Erfindung hin und her: Wie ist es möglich, neue Effekte von Licht und Schatten an den Wänden eines Bauwerks in Mérida zu entdecken, ohne jemals das Vergnügen gehabt zu haben, durch die Ruinen der Vergangenheit zu spazieren? Wie können wir die Erdanziehung in Gebäuden »überwinden«, die zu schweben scheinen, wenn wir sie nicht schon einmal unter gotischen Gewölben oder in hellen japanischen Tempeln emp- funden haben? Wie können wir serielle Strukturen, Sequenzen kombinatorischer oder fraktaler Geometrie entwickeln, ohne uns von der Klarheit der inneren Naturgesetze angezogen gefühlt zu haben? Oder einfach gesagt: Wie können wir in Cordoba etwas entwerfen, ohne durch die realen und doch gleichsam virtuellen Räume der Moschee gewandert zu sein; oder eine Burg umgestalten, um darin deutsche expressionistische Kunst auszustellen, ohne uns vorher mit den Formen Kirchners und Feiningers vertraut gemacht zu haben? Hätten wir uns unser Projekt für ein Rioja Weinzentrum in Logroño vorstellen können, wären wir nicht von den seltsamen Geometrien überrascht worden, die die Weingüter in die Landschaft malen? Wenn wir von der Spitze einer Festung über die mittelalterlichen Dächer der österreichischen Stadt Graz schauen, erkennen wir die Gesetze, die uns sagen, wie sich ein neues Gebäude zwischen den bestehenden Bauwerken eingliedern sollte. Aus den auf- und absteigenden seriellen Bereichen eines solchen Projektes entwickelt sich unerwartet ein offenes System, das sich auch auf ein Projekt übertragen lässt, das beinahe ohne äußere Einflüsse auskommt, wie im Fall des Kongresszentrums in Saragossa. Ist nicht die Metall- und Pflanzenhülle, die wir in San Sebastián am Monte Urgull entlang gebaut haben, ein Bruchstück dieses verschwommenen Textes, den wir einst auf dem Friedhof in Prag bemerkten? Und wenn wir den Maßstab vergrößern, könnte es sich nicht in den Umriss eines Museumsparks in Lugo oder die Grundfläche der Erweiterung des Joanneumsviertels in Österreich verwandeln?

Vertieft in eine Meta-Architektur, die letztendlich stets unbewusst wieder auf sich selbst Bezug nimmt, in der Projekte und Werke einen Regelkreis bilden und zu den Merkmalen der folgenden Werke werden, finden wir uns in unserem eigenen persönlichen Prozess wieder. Wir löschen aufs Geratewohl Buchstaben aus einem Text, wir treten einen Schritt zurück, versuchen, an einem bestimmten Punkt anzuhalten: an einer auf ihre charakteristischen Merkmale reduzierten Architektur – gebaute Aphorismen, entworfen für einen bestimmten Ort und seine Erinnerung, wo selbst die unbedeutendsten, zufälligen Fragmente, wie die fehlenden alphabetischen Zeichen des anfänglichen visuellen Textes, zum Leben erwachen.

Neues Museum, Berlin
Treppenhalle

WIEDERAUFBAU DES NEUEN MUSEUMS

Alexander Schwarz

MUSEUMSINSEL BERLIN

Die besondere Geschichte des Neuen Museums zeitigt im Nordkuppelsaal, wie wir ihn zu Beginn unserer Planung vor mehr als einer Dekade vorgefunden haben, einen Raum, dessen unmittelbare architektonische Wirkung – die starke physische Gegenwart des gebrochenen Baus ebenso wie die nicht minder unmittelbar evozierte architekturhistorische, antikische Erinnerung – eine emotionale Kraft entfaltet, die wir in Schinkels Pantheon-Paraphrase, dem Kuppelraum im Alten Museum, weit weniger empfinden. Woran liegt das? Stellt nicht Schinkels Rotunde einen Kulminationspunkt der Architekturgeschichte dar, und muss man nicht – bei allem demütigen Respekt vor Stülers gewaltigem Œuvre – des genialen Lehrers Museumsplanung höher bewerten als die des Eleven? Sicher. Und doch ist es das sinnliche Erleben der physischen Gegenwart des Nordkuppelsaals, das so sehr auf architektonisch Grundsätzliches, langfristig Gültiges verweist, auf etwas Klassisches, das mit dem Begriff Klassizismus bei Weitem nicht ausreichend beschrieben ist, während die akademische, unemotionale Kühle der materiell gegenwärtigen Schinkel-Rotunde, die leise Enttäuschung, die man beim Betreten der Architekturikone empfindet, in dem Begriff Klassizismus durchaus widerhallt.

In gewisser Hinsicht erfahren wir bei Schinkels Rotunde heute nur das Abbild, während im Nordkuppelsaal etwas erlebbar wird, das nicht abbildbar, nicht reproduzierbar erscheint. Obwohl Stülers Planung der Nordkuppel viel weiter vom Vorbild Pantheon abrückt als Schinkels Plan der Rotunde, ist dennoch dort das Architekturerlebnis unmittelbarer, originärer, emotionaler, antikischer, dem Pantheon näher. Diese Beobachtung, die vorgefundene Qualität physischer Authentizität der Ruine des Neuen Museums, ist für den Wiederaufbau ebenso maßgeblich wie Stülers ursprünglicher Plan. Es geht um die Materie ebenso wie um die Idee.

Die ungewöhnliche Tatsache, dass das hundert Jahre nach Baubeginn im Zweiten Weltkrieg zerstörte Neue Museum siebzig Jahre als Ruine stehen blieb und weder wie die Schlossruine gesprengt noch wie die übrigen Museen auf der Museumsinsel in der Nachkriegszeit wiederaufgebaut wurde, hat Konsequenzen. Zum einen ist das, was erhalten ist, weitgehend bauzeitliche, nicht restaurierte Bausubstanz, zum zweiten finden wir diese in sehr unterschiedlichen Erhaltungszuständen und zum dritten gibt es ganze Gebäudeteile, die fehlen, darunter der Südostrisalit mit dem Südkuppelsaal und der Nordwestflügel mit dem Ägyptischen Hof. Während die Bauaufgabe, der Wiederaufbau des Neuen Museums, also die Errichtung eines voll

55

funktionsfähigen Museums für die Ägyptische Sammlung und die Sammlungen für Vor- und Frühgeschichte, eine rein archäologische Konservierung der Ruine ausschließt, verbietet Einmaligkeit und Umfang des erhaltenen ruinösen Bestands die Rekonstruktion des Verlorenen, also das Abbild, die Kopie.

Ausgangspunkt der modernen Ergänzungen ist Stülers Plan. Das ursprüngliche Volumen und die ursprüngliche Raumfolge werden wiedergewonnen. Ausgangspunkt der Restaurierung ist die erhaltene Bausubstanz. Geleitet von der Fragestellung, wie man den erhaltenen Bestand in seiner Schönheit und in seinem räumlichen Zusammenhang möglichst gut stützen kann, wird jede vorgefundene Situation individuell betrachtet. Dabei führen die unterschiedlichen Erhaltungszustände raumweise zu unterschiedlichen Maßnahmen. So werden im Vaterländischen Saal die rohbausichtigen Wände als ruhiger Hintergrund für den weitgehend erhaltenen Wandbildfries neu verputzt. Freilich bleiben die neuen Putzflächen in Glanz und Intensität hinter dem für eine reparierende Ergänzung ausreichend vorhandenen, gealterten und konservierten Bestand zurück. Ganz anders reagiert die Restaurierung im Ethnographischen Saal, dessen ursprüngliche Raumstruktur dem Vaterländischen Saal gleicht, auf den stark ruinösen Erhaltungszustand. Die Restaurierung hat hier die Wiedergewinnung des Rohbaus z. B. durch die Rekonstruktion der fehlenden Topfdecken in der bauzeitlichen Werktechnik zum Ziel. Der Raum wird für die ursprüngliche Raumfolge, für den Gebäudekontext wiedergewonnen, bleibt aber wie vorgefunden weitgehend rohbausichtig.

Man mag das ästhetische Interesse am Rohbau als zeitgebunden, gar modisch empfinden. Man könnte aber auch Joseph Michael Gandys bauzeitliche Darstellungen von Sir John Soanes Bank of England betrachten. Das wenige Jahre vor dem Alten Museum erbaute Gebäude wird nicht nur als klassische Ruine, sondern auch als Rohbau gezeigt, der mit seinen Topfdecken und Sandstein-Kernformen verblüffende Ähnlichkeiten zu den heute rohbausichtigen Räumen des Neuen Museums aufweist, obgleich sich Schinkel und Stüler gemäß eines Tagebucheintrags auf ihrer Englandreise von Soane wenig beeindruckt gaben. Stülers ästhetisches, man könnte sagen frühindustrielles Interesse am Rohbau manifestiert sich aber dennoch spätestens in der Dienerkammer des Roten Saals, deren Raumdekoration den Rohbau abbildet. Die Wiedergewinnung des Rohbaus, sei es als Reparatur oder Neubau, steht zunächst

56

rechte Seite: Neues Museum, Berlin
Plattform Ägyptischer Hof

Neues Museum, Berlin
oben: Westfassade zum Kupfergraben
unten: Schnitt durch den Westflügel

auch im Vordergrund der großen Ergänzungen. Und während sich die Dekoration in der enzyklopädischen Vielfalt der Werktechniken als kunsthandwerkliche Leistungs- schau der neuen Blüte preußischer Handwerkskunst ergeht, reduziert sich materiell der innerhalb kürzester Zeit industriell erstellte Rohbau auf wenige Materialien, da- runter auch Eisen. Das Grundrohbaumaterial ist aber der Ziegel in diesem Format. Für den Wiederaufbau dienen Altziegel im Reichsformat nicht nur der Rohbaureparatur im Bestand, sondern auch als Material für die Wiedergewinnung der zerstörten Volu- mina. Dabei übernehmen die Neubauteile zwar die ursprüngliche Fensterordnung, wiederholen aber zugunsten des Erhaltenen keinen Fassadenschmuck, sondern zeigen sich als rohbausichtige Volumenergänzung. Mit der Farbsortierung des ver- wandten Altziegels schwingen sich die neuen Ziegelfassaden in die Sandsteinpoly- chromie der erhaltenen Putzquaderung ein, während die starke Rotfärbung der nur im Rohbau erhaltenen Fassaden durch Schlämmung oder Neuverputzung zugunsten des Sandsteinfarbklangs zurückgedrängt wird. Städtebaulich wirkt der Bau wieder als geschlossener, sandsteinfarbener Körper. Alter, Geschichte und Materialität sei- ner Bauteile bleiben aber wahrnehmbar und formen ein neues Ganzes.

Der Vielfalt an Material und Werktechniken der Stüler'schen Ausstattung begegnen die Neubauräume mit einer sehr reduzierten Materialpalette. Wichtigstes Neubau- material ist ein für das Neue Museum entwickelter Marmorbeton aus Weißzement, Sächsischem Marmor und relativ vieltönigem Sand. Zum Teil sehr großformatige Fer- tigteile, die in die neuen oder im Falle der Treppenhalle reparierten Ziegelvolumen eingestapelt werden, bilden Boden, Wand und Decke der neuen Räume. Die Pro- duktion der Teile im Werk erlaubt eine sehr hohe Qualität und Präzision. Oberflä- chenfertig auf die Baustelle gebracht und dort zu den neuen Räumen gefügt, werden Rohbau und Ausbau eins. Aus dem Widerspruch zwischen Größe der Teile und Präzision ihrer Fügung entsteht eine leise Tektonik. Sie verharren in einem Zustand zwischen der visuellen Passivität eines modernen Ausstellungsraums als Hintergrund für die Objekte und der Aktivität der Stüler'schen Räume, deren didaktisches Par- lante die Tektonik der Räume und die Exponate fortwährend kommentiert. Mit den neuen Räumen und Raumteilen wird die Stüler'sche Raumfolge, die Treppenführung eingeschlossen, wiedergewonnen. Das Neue reflektiert das verlorene Alte, ohne es zu kopieren, und gibt dem erhaltenen Alten Zusammenhang, Bedeutung und Würde. Der Erhalt des gebrochenen Alten akzeptiert notwendigerweise auch den Erhalt des

Bruchs. Das Neue aber thematisiert nicht den Bruch, die Grenze, den Kontrast zwischen Alt und Neu, sondern sucht den Übergang, das Ganze. Dabei weiß das Neue um das verlorene Alte, das es erinnert und ersetzt, ist aber selbst neu und eigen. Je größer die Fehlstelle, um so mehr fragt das Neue nach Eigenart. Was ist ein moderner Ägyptischer Hof, ein moderner Kuppelsaal, ein eigener Übergang vom Quadrat zum Kreis, ein modernes Pantheon?

Stülers rasante Erstellung des Rohbaus zeigt den Architekten an der Spitze seiner Zeit. Als das Museum fertig war, nachdem seine opulente Ausstattung mehr als eine Dekade in Anspruch genommen hatte, kam es zu spät und wurde von der Kritik vernichtet. Der Anspruch auf enzyklopädische Vollständigkeit, die Freude am Abbild, an den Möglichkeiten der Reproduktion, der Abguss hatten sich überlebt. Es begann der Kult ums Original. Zugunsten eines geheimen Mehrwerts an nicht Wiederholbarem, nicht Abbildbarem, wird auf Vollständigkeit und Unversehrtheit verzichtet. Der Wiederaufbau des Neuen Museums lehrte uns, die erhaltene Materie der Stüler'schen Schöpfung, die gewissermaßen die Kulturgeschichte der Menschheit reproduziert, als Original zu erkennen. Als etwas Einmaliges, das eine komplexe und unmittelbare Sinnlichkeit entfaltet und sein auch noch so gelungenes Abbild immer übertreffen wird. Glücklicherweise ist viel von Stülers Neuem Museum erhalten geblieben. So war es möglich, seine Ruine zu ergänzen, ohne das Museum in sein eigenes Abbild zu verwandeln.

Museum für Naturkunde in Berlin
Ansicht der Ostfassade mit Ergänzung
in Beton

BAUEN IM BESTAND

Roger Diener

MUSEUM FÜR NATURKUNDE IN BERLIN

Museum für Naturkunde in Berlin
oben: Ostflügel vor dem Wiederaufbau 2006
Mitte: Fassadenaufriss Ostflügel
unten: Franz Marc, Tierschicksale,
1913, mit Restaurierung von
Paul Klee, Kunstmuseum Basel

Seit längerer Zeit sind wir mit dem Museum für Naturkunde in der Invalidenstraße in Berlin befasst. Vorausgegangen war ein Auswahlverfahren, das 1994/95 in Berlin stattgefunden hat. Man lud damals zwölf Architekturbüros ein, die im Museumsbau alle schon Erfahrung besaßen, ihre Konzepte vorzutragen.

Das Projekt stand damals noch unter der Euphorie der Wende. Es hieß, es gehe um ein Volumen von 350 Millionen D-Mark für Grundinstandsetzung und Erweiterung des Museums. Wir vermuteten schon damals, dass das alles – auch baulich – viel zu groß und zu weitreichend gedacht war. Obwohl wir uns dieses Projekt nie in einer solchen Dimension vorgestellt und es auch nie so vorgetragen haben, war dann letztlich sogar für sehr viel kleinere Maßnahmen und bescheidenere Konzepte lange Zeit kein Geld vorhanden.

Wir wurden schließlich aus dem Unterhaltsbudget der Humboldt-Universität beauftragt, die dringendsten Sanierungsmaßnahmen zu tätigen – und haben uns dann jahrelang mit den Sanierungen der Dächer beschäftigt und auch der Toiletten, das Einzige, was sichtbar als Eingriff zu erkennen war. Aber schon dort haben wir uns eine Art und Weise zurechtgelegt und uns auf eine Strategie verständigt, die eigentlich vom Prinzip der Reparatur ausging. Das ist ganz wichtig. Es gibt ja eine für die Denkmalpflege auch nicht ganz scharf zu definierende Linie zwischen dem alten Begriff der Rekonstruktion und dem eigentlich unbestrittenen Begriff der Reparatur. Die Reparatur ist zunächst einmal akzeptiert; das ist Alltag in der Denkmalpflege und wir haben uns über Jahre auch innerhalb dieses Alltags in diesem Haus bewegt. Wir haben uns auch in diesem Konzept bewegt, als wir bis 2007 eine erste große Etappe abschließen konnten. Sie umfasste die Sanierung der fünf alten Säle inklusive des großen Saurier-Lichthofs. Diese Sanierung, die die Grundlage für die neue Ausstellungsgestaltung im Museum bildete, bedeutete einen großen Schub für das Museum und hat die Besucherzahlen multipliziert. Aber es ist wichtig festzuhalten, dass wir uns im Bereich dieser bestehenden Räume innerhalb dieses Begriffs bewegt haben: der Ertüchtigung der Räume. Es gab Kacheln, die zerstört und beschädigt waren. Wir haben dann Kacheln dieser Art nachmachen lassen. Wir haben bewusst darauf verzichtet, an jedem Punkt diese Geschichte der Zerstörung und des Ersatzes auch demonstrativ im Bauwerk selbst abzubilden; das ist selbstverständlich alles eine schwierige Gratwanderung innerhalb denkmalpflegerischer Kategorien. Aber wie auch im kleineren Fall verfolgen wir eher die Strategie, die Gesamtwirkung des Raumes vor die präzise und evidente Abgrenzung neuer gegenüber alter Teile zu stellen. Nach

63

unserer Erfahrung zeichnen sich die neuen Teile sowieso immer auf ihre Weise von den älteren und originalen ab. Wir sind eher an der Gesamtwirkung interessiert, verfolgen diesen Weg als jenen des demonstrativen Absetzens des Neuen vom Alten.

Das Museum für Naturkunde in der Invalidenstraße ist ein zentraler Teil eines größeren Ensembles. Errichtet wurde es zwischen 1885 und 1889 nach Plänen von August Tiede. Hinzu kommt der sogenannte Neubau, eine Erweiterung von 1917. In den letzten Kriegsmonaten wurde der Ostflügel des Hauses zerstört und über die ganzen Jahre hinweg nicht wieder aufgebaut, weil in der DDR das Geld dafür nicht vorhanden war. Im Bereich des zerstörten Ostflügels war die erhaltene Bausubstanz weitgehend beschränkt auf eine Außenwand sowie wenige gusseiserne Stützen und Träger. Diese konnten und sollten nicht mehr in unseren Neubau des Ostflügels einfließen.

Im Mittelpunkt des Programms für den neuen Ostflügel steht die Lagerung der sogenannten zoologischen Nasssammlung nach den Erfordernissen der wissenschaftlichen Forschung. Die Nasssammlung besteht aus etwa 208.000 Glasgefäßen, in denen etwa 1 Million Tierpräparate gelagert werden. Es sind Präparate, die teilweise 250 Jahre alt sind und die bis heute von Wissenschaftlern und Gastforschern aus aller Welt benutzt werden.

Wer die alte Unterbringung der Nasssammlung kannte, der kann sich vorstellen, wie prekär und gefährlich diese Ansammlung von 80.000 Litern Alkohol einst war, wie brandgefährdet. Die Verdunstung war so hoch, dass jedes Jahr mehrere Tausend Liter Alkohol nachgefüllt werden mussten und die Luft mit diesen Nachfüllungen belastet war.

Mit dem Programm, die Nasssammlung unter idealen Bedingungen neu anzuordnen und zu konzentrieren, ist es möglich geworden, das ganze Museum durch die Instandsetzung zu entspannen. Das heißt, höchste kuratorische Anforderungen an die Sammlung bezogen auf die Qualität der Luft, die Feuchtigkeit, den Verlauf von Temperaturwechseln und auch auf das Licht zu berücksichtigen. Diese höchsten Anforderungen stellt aber eben nur diese Sammlung und keine anderen Präparate, schon gar nicht solche aus anderen Disziplinen. Deshalb konnten wir bei der Instandsetzung der übrigen Säle sehr viel weniger invasiv vorgehen. Man konnte das Lüftungssystem, das es im Haus schon immer gegeben hat, einfach erneuern. Dank dieser Konzeption war es möglich, alle hochsensiblen Sammlungsbereiche im neuen Flügel anzuordnen. Der

64

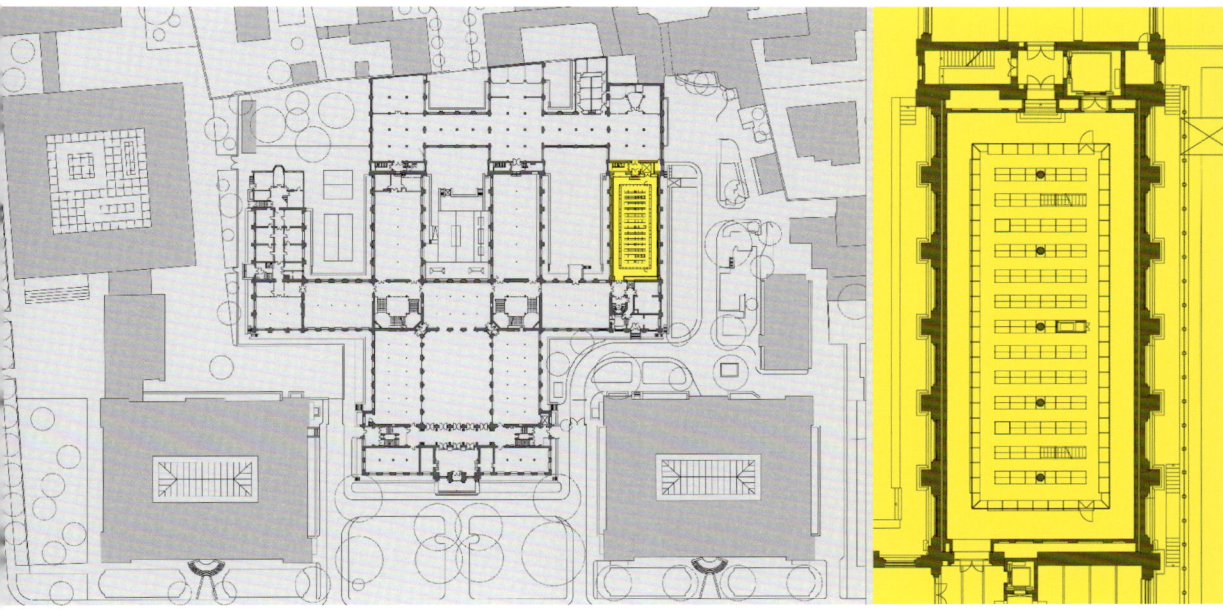

Museum für Naturkunde in Berlin
Grundriss Erdgeschoss
und Anordnung der Nasssammlung

Neubau war also ein wichtiger strategischer Schritt bei der Erneuerung des ganzen Hauses und wurde in diesem Bewusstsein auch in unserer eigenen Bearbeitung in dieser Logik entwickelt.

Die Nasssammlung wird heute in fünf bis sechs Meter hohen Sälen gelagert. Es sind die traditionellen Regale, in denen solche Sammlungen immer aufbewahrt werden, verteilt auf die drei Hauptgeschosse, die jeweils über eine Galerie verfügen – entsprechend dem früheren Schnitt und dem früheren Gebäude an dieser Stelle. Auf halber Höhe – und um die Regale dann tatsächlich dicht zu packen – sind nur Decks mit Gitterrosten eingebracht. So ist es möglich, dass man sich jeweils innerhalb dieser einzelnen Abteilungen bewegt, die untereinander mit Treppen verbunden sind. Zudem gibt es einen neuen großen Lastenaufzug, der auch Teil dieses Programms war.

Die wissenschaftliche Bearbeitung, die langfristige Haltung und die konservatorische Aufarbeitung dieser wissenschaftlichen Sammlung erfordert eine Reihe von spezialisierten Laborräumen und Werkstätten. Diese sind im obersten Geschoss untergebracht, soweit sie nicht auch im Sockelgeschoss angeordnet sind. Dort befinden sich neben Räumen für traditionelle Laborarbeiten und Werkstätten für Präparation auch jene Räume, in denen der Versand von Präparaten vorbereitet wird. So gesehen ist mit der Sammlung des Museums auch eine Infrastruktur verbunden, die den Austausch der Präparate zu gewährleisten vermag.

In jüngster Zeit haben die Museen begonnen, ihren Besuchern Einsicht in die Forschung zu gewähren, die in ihren Häusern geleistet wird. Es gab eine solche Spur auch im Museum für Naturkunde in der Invalidenstraße. Periodische Führungen, in die man sich einschreiben konnte, führten durch das Gebäude und seine Sammlungen, vor allem seine Nasssammlung. Allerdings fanden diese Veranstaltungen außerhalb der Öffnungszeiten am Abend statt und gewährten Einblicke, die von einer besonderen Faszination waren. Wir haben von Anfang an vorgeschlagen, diesen faszinierenden Einblick in das Konzept für den Neubau einzubeziehen. Dass es möglich wird, Interessierte in diesen unmittelbaren Zusammenhang zwischen der gegenwärtigen Forschung im Hause und den traditionellen Schausammlungen einzuführen. Das Besondere am Museum für Naturkunde liegt nicht nur an seinen großartigen Sammlungen und auch nicht an den spannenden Aspekten zeitgenössischer Forschung. Das wird in anderen Museen ebenfalls dargestellt. Das Außergewöhnliche

Museum für Naturkunde in Berlin
Wissenschaftliche Nasssammlung
im Ostflügel

liegt nach unserem Verständnis in der Beziehung, die das Museum zwischen seinen wissenschaftlichen Sammlungen und ihrer Aktualisierung als zeitgenössischem Forschungsgegenstand darzustellen vermag. Sie verleiht diesem architektonischen und wissenschaftsgeschichtlichen Denkmal eine aufregende Aktualität. Um all das zu vermitteln, sollten die regulären Museumsbesucher den Einblick in die Systematik dieser wissenschaftlichen Nasssammlungen erhalten.

Im Rahmen des Umbaus konnten wir das Erdgeschoss, das auf der Ebene der übrigen Ausstellungsräume liegt, in den Ausstellungsrundgang einbeziehen und damit zum ersten Mal den Rundgang in dieser Form möglich machen. In der Nasssammlung führt der Besucherrundgang um diese große Vitrine herum. Sie zeigt eigentlich nur die Ansicht von »hinten« auf gut ein Drittel der Sammlung. Es sind etwa 90.000 Gläser, die für die Besucher auch nicht extra beschriftet wurden. Die Idee ist nicht, dass die Besucher hier einzelne Präparate studieren können. Vielmehr geht es darum, dass sie einen Eindruck von der systematischen Sammlung und dem Umgang mit ihr erhalten.

Die Spannung zwischen den wissenschaftlichen Bedingungen, die an das Raumprogramm des Ostflügels gestellt werden, und dem städtebaulichen und architektonischen Wunsch, die Leerstelle in der Gebäudestruktur dieses Baudenkmals wieder zu ergänzen, hat erst die besondere Form ergeben – die Inszenierung einer Rekonstruktion. Wir haben die beiden widersprüchlichen Ansprüche radikal gegeneinandergesetzt. Das Ergebnis ist ein Bauwerk, das die Modulation der Architektur, das Mauerwerk, den Steinschnitt und die Gewände in seiner Oberfläche aufnimmt und weiterträgt. Ein Bauwerk aber auch, das von einer homogenen festen Hülle ohne eine Fensteröffnung umgeben ist, eine Gebäudehülle aus gegossenem Kunststein. Dazu wurden von den originalen Fassaden Silikonabdrücke erstellt, die mit Beton ausgegossen wurden. Die so entstandenen Betonfertigteile wurden an die Stelle der nicht mehr vorhandenen Fassade gesetzt. Die gesamte Fassade setzt sich aus den noch erhaltenen Fragmenten der originalen Gebäudehülle und den Ergänzungen aus gegossenem Beton zusammen. Die alten Fenster wurden nicht ersetzt. Stattdessen wurden die Fensteröffnungen zugemauert. Im neuen Teil gibt es ehedem keine Fenster, sie sind Teil der gegossenen Betonhülle geworden. Diese dichte Gebäudehülle genügt damit den hohen physikalischen und technischen Ansprüchen, die an die Lagerung der Alkoholsammlung gestellt werden.

Für die Silikonformen, in die die Betonteile gegossen wurden, gibt es zufälligerweise im Museum selbst eine eigene Praxis: Fehlende Teile der Präparate, vor allem der großen Präparate wie dem berühmten Saurier, sind auch aus solchen Silikonmassen nachgegossen worden. Wir wussten das nicht, sondern haben es bei der Eröffnung erst zur Kenntnis genommen. So gesehen hat das Museum diese neue Hülle als Teil einer eigenen Praxis verstanden.

Das gegossene Relief lässt die eigentliche Fassade durchscheinen, ohne sie wiederholen zu können, als hätte es sich über sie gelegt. Nicht in einem schnellen, industriellen Akt, sondern über einen langen Zeitraum. Das Fehlen des »Alterswertes« nach dem Verständnis von Alois Riegl, also die Erfahrung des Denkmals und seiner Vergänglichkeit, diese Spuren, die eine wörtliche Rekonstruktion in einen sinnlichen Widerspruch zum Denkmalbestand treten lassen, scheinen in der rohen, archaischen Gestalt des Betonreliefs in einer anderen Form wiedergewonnen, aufbewahrt und mit dem Baudenkmal synchronisiert worden zu sein. Der Betonguss selbst weist natürlich keinen Alterswert auf. Aber in der Qualität des Betons taucht dieser Widerspruch »Neue Teile versus Denkmalbestand« nicht auf, dieser auch sinnlich erlebbare Widerspruch, dieser Antagonismus, der einen bei rekonstruierten Teilen innerhalb eines größeren Denkmalensembles oft so unbefriedigt lässt.

Die Kategorien für die architektonische Fassung des neuen Bauwerks sind bekannt. Immer auf die Wirkung des Ganzen bedacht, darf es den Denkmalwert nicht schmälern. Dennoch darf das Neue im Alten nicht aufgehen, darf seine Identität nicht preisgeben, sonst wird es den Denkmalwert kompromittieren und ihm zur Last. Die in Beton gegossene historische Fassade, welche das Relief der Fenster in der Mauer einschließt, wird die Sehgewohnheiten der Betrachter irritieren. Aber sie tut das nicht aufdringlich, nicht durch Widerspruch, sondern leise und verhalten.

Wir wurden natürlich sehr schnell gefragt, welches denn die Beziehungen und die Unterschiede seien zum Umgang mit der Alten Pinakothek in München, diesem grandiosen Wiederaufbau von Hans Döllgast. Der Versuch, beide gegeneinander abzugrenzen, erlaubt es vielleicht, den Blick darauf zu schärfen. Die Pinakothek bleibt natürlich das leuchtende Beispiel für eine Wiederherstellung zerstörter oder teilzerstörter Gebäude. Es ist die Ergänzung als eine elementare Grundfassung des Bauwerks, die auf die wesentlichen Teile der Konstruktion und der Hülle beschränkt bleibt; die nur im Notwendigen verharrt, um wiederverwendet werden zu können. Diese Wirkung, die eine Synchronisierung mit dem Alterswert ergibt und die auch bei Döllgast eine wichtige Qualität darstellt, haben wir ebenfalls angestrebt mit dem

Betonguss. Soweit sind beide Projekte vergleichbar. Darüber hinaus gibt es aber einen wesentlichen Unterschied: Der unvollendete Zustand von Döllgast schließt ja eine Ergänzung der Rekonstruktion nicht aus. In unserem Fall ist dies anders. Es ist nicht eine Geste des Verzichts, diese Wiederherstellung zu vollenden, sondern es handelt sich hier um ein neues Bauwerk anstelle der früheren Fassung. Diese Arbeit verweigert die Rekonstruktion des früheren Bauwerks an der Stelle nicht durch ihre Vollendung, wie das Döllgast genannt hat, sondern es schließt sie aus. Das neue Bauwerk ist an die Stelle einer Rekonstruktion getreten. Dafür war es notwendig, bis ins Detail, bis in die Profilierung der Holzfenster zu gehen mit der anderen Materie des Betons. Es ist aber auch so, dass Döllgasts Arbeit eine beispielhafte Qualität einer Methode zeigt, die auch in anderen Orten – wie in Italien – erfolgreich durchgeführt worden ist. Wir selbst glauben, dass dieser Fall ein besonderer und einzigartiger Fall ist und nicht die Begründung einer neuen Methode des Umgangs damit. So gesehen haben wir die Analogie zu Döllgast auch nicht von uns aus angeführt, denn wir haben eine andere Analogie: Wir haben unser Vorgehen verglichen mit dem Bild »Tierschicksale« von Franz Marc. 1913 gemalt, wurde es während des Ersten Weltkriegs auf der rechten Bildseite durch Löschwasser stark beschädigt. Zwischen 1918 und 1920 wurde Paul Klee, der Malerfreund von Franz Marc, beauftragt, dieses Bild wieder zu vollenden. Die Quellenlage war sehr gut. Franz Marc war im Ersten Weltkrieg gefallen, und Klee hat die beschädigte rechte Seite nachgemalt, aber in einer dunkleren und unbunten Tonalität. Damit hat er tatsächlich die Gesamtwirkung des Denkmals wiedergewonnen, ohne zu vertuschen, dass es diese Teilzerstörung gegeben hat, und auch ohne vorzutäuschen, dass dieser ergänzende Teil tatsächlich ein originaler Teil ist. Dieses Bild, das sich heute in der Sammlung des Kunstmuseums Basel befindet, scheint uns viel eher vergleichbar – im Sinne einer Analogie – mit unserem Vorgehen für den Neubau / Wiederaufbau des Ostflügels des Berliner Naturkundemuseums.

Canadian Museum of Nature,
in Ottawa, Luftaufnahme 2010

DAS ERBE RESPEKTIEREN UND UMWANDELN

CANADIAN MUSEUM OF NATURE IN OTTAWA

Bruce Kuwabara

71

Das »Canadian Museum of Nature« in der kanadischen Hauptstadt Ottawa gilt als international renommierte Bildungs- und Forschungseinrichtung. Seine rund 10 Millionen Objekte umfassende Sammlung wurde im Laufe der vergangenen 150 Jahre zusammengetragen. Im Jahre 2001 stand eine groß angelegte Renovierung seiner innerstädtischen Ausstellungsräume im »Victoria Memorial Building Museum« an. Ziel der Eingriffe war es, das Museum in seiner Funktion als nationale Informations- und Bildungsstätte für die Kanadier zu naturhistorischen und ökologischen Schlüsselthemen aufzuwerten. Zudem galt es, die öffentliche Wahrnehmung des Museums zu verbessern. Dafür wurde die Besuchererlebniswelt erweitert. Zudem mussten die Erdbebensicherheitssysteme des Gebäudes verbessert werden.

Der Entwurf von Kuwabara, Payne, McKenna, Blumberg Architects (KPMB) berücksichtigt die historische Bedeutung des Gebäudes, indem er dessen ursprüngliche Proportionen und Details wiederherstellt. Zugleich war eine Reihe von zeitgenössischen Eingriffen notwendig, um das Museum wieder zu einer der kulturellen Hauptsehenswürdigkeiten Ottawas zu machen.

Geschichte und Standort _____ 1912 errichtet, war das kanadische Naturkundemuseum das erste thematisch ausgerichtete Museum Kanadas und gilt heute als drittwichtigstes denkmalgeschütztes Gebäude des Landes. Der Entwurf für das neugotische Bauwerk im Tudorstil stammt von David Ewart (1841–1921), einst Chefarchitekt für öffentliche Bauvorhaben. Der architektonischen Bedeutung des Gebäudes entspricht seine hervorgehobene Lage in einer parkartigen Umgebung im Zentrum Ottawas, in einer Achse mit Parliament Hill, dem Sitz der kanadischen Regierung. Der umgebende Park ist nach Parliament Hill einer der größten städtischen Grünanlagen Ottawas. Ursprünglich von gepflegten Rasenflächen und Bäumen umgeben, ersetzte im Laufe des 20. Jahrhunderts ein betonierter ovaler Parkplatz die ursprüngliche Grünanlage. Dieser an einen Festungsgraben erinnernde Parkplatz brachte dem Museum seinen Spitznamen »castle« ein.

Vision des Masterplans: Harmonisierung von Architektur und Landschaft _____
Den Ausgangspunkt des Bauprojektes bildete der Wunsch, Architektur und Stadtlandschaft wieder in ein harmonisches Verhältnis zu bringen. Dafür wurden die Parkplätze auf der Ostseite des Grundstücks zusammengelegt, wodurch auf der Südseite Platz für einen 2.800 Quadratmeter großen, ins Erdreich abgesenkten Anbau

Victoria Memorial Museum Building, Ottawa
Nach der Entfernung des Turms, 1915

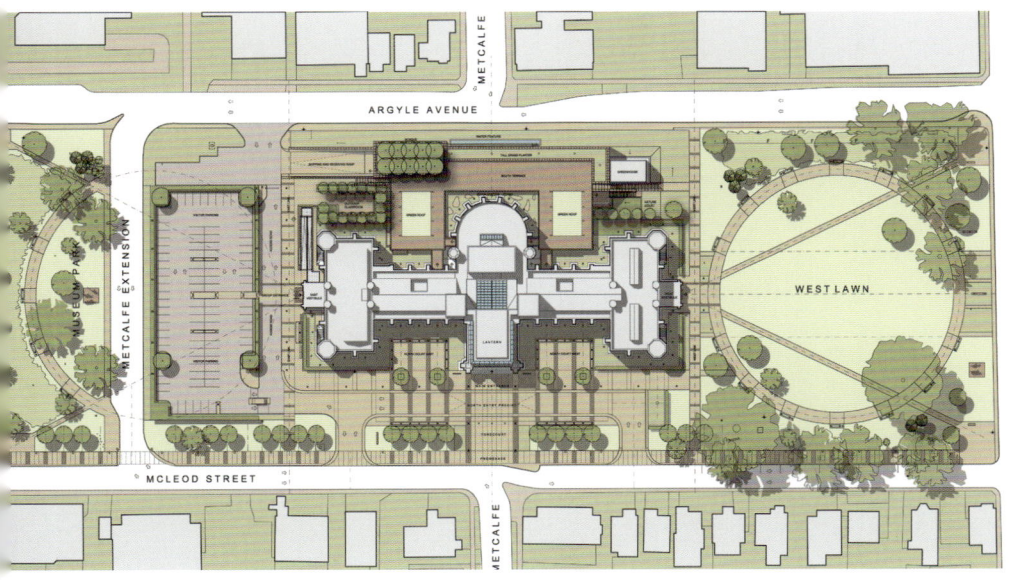

Canadian Museum of Nature, Ottawa
Lageplan

entstand. Seine Dachzone wurde als öffentlicher Vorplatz gestaltet, der in eine terrassierte Gartenlandschaft eingebettet ist und so einen belebten Vordergrund zum Museum bildet.

Ein Gebäude innerhalb eines Gebäudes: die dynamische Pufferzone _____

Das heutige Museum wurde ursprünglich auf instabilem Fließton errichtet, ein Überbleibsel des »Champlainmeeres«, das einst große Teile Zentralkanadas bedeckte, sowie auf einer tektonischen Verwerfungslinie. Bereits kurz nach der Fertigstellung des Gebäudes 1912 zeigte sich, dass der steinerne Turm keine ausreichende Stabilität besaß. Daraufhin musste 1915 sein oberer Teil abgetragen werden, um die Bausubstanz zu entlasten. Der Turmfuß blieb als Vestibül und Haupteingang zwar erhalten, doch durch diesen Eingriff verlor der Rundgang im Beaux-Arts-Stil seine ursprüngliche Klarheit, und die Symbolwirkung des Eingangs wurde eingeschränkt.

Unsere erste Herausforderung bestand darin, das Gebäude zu stabilisieren und die heutigen Erdbebenschutz- und Umweltauflagen zu erfüllen. Um jedwede sichtbare Auswirkung auf die Fassaden zu vermeiden, wurde hinter den Originalwänden eine dynamische Pufferzone eingefügt. Sie besteht sowohl aus verstärktem Baustahl als auch aus einer separaten Klimaanlage, um in der Doppelwand wie auch in den Ausstellungsräumen die klimatischen Bedingungen stabil zu halten. Die dynamische Pufferzone und das Baustahlsystem erfüllen nicht nur die internationalen Umweltnormen für Dauer- und Wechselausstellungen innerhalb der Galerie, sondern gewährleisten darüber hinaus die strukturelle Stabilität der Steinmauern des Baudenkmals.

Südterrasse _____ Die Südterrasse des Museums wurde versetzt von den historischen Wänden und dem Fundament des Baudenkmals angefügt. So entstand ein vorgelagerter Bereich für Freiluftveranstaltungen, der es den Besuchern zugleich ermöglicht, die Qualität der handwerklichen Fähigkeiten der 300 schottischen Steinmetze zu bewundern, die die massiven Sandsteinblöcke behauen und verbaut haben. Die Terrassenflächen sind begrünt und von Bosketts sowie mit hohen Gräsern bepflanzten Blumentöpfen umgeben. Im Westen schließt sich der Glaspavillon eines Gewächshauses an, der natürliches Licht in das Untergeschoss lenkt. Geplant ist, in Zukunft eine Wasserfontäne anzulegen. Sie soll aus einer leicht abgeschrägten Wand aus schwarzem Granit bestehen, verhüllt mit einem diagonalen Gitternetz aus Edelstahlsträngen, über das dann gleichmäßig Wasser hinunterläuft.

Laterne und »Schmetterlingstreppe« _____ Mit einem gläsernen Laternenaufbau werden die originale Höhe und Proportion des Museumsturms zurückgewonnen und die Klarheit des Beaux-Arts-Rundgangs wird wiederhergestellt. Zudem gewinnt der Museumsbau durch die Ergänzung in Glas seine stadträumliche Wirkung zurück. Der Turm erfüllt auf symbolische Art Ewarts ursprüngliche architektonische Vorstellung vom Vestibül und Turm als der Schwelle zu Wissen und Aufklärung. Durch den Laternenaufbau kommt Tageslicht ins Innere des Museums. Darüber hinaus bietet er eine den Besuchern neue Aussicht auf Parliament Hill. Mit seinen Proportionen und Details erweist er sich als eine moderne Neuinterpretation des zinnenartigen Entwurfs der Neugotik. Die sieben Jochbögen aus Glas an der Fassade wurden von den siebenteiligen originalen Bleiglasfenstern im darunterliegenden Steingebäude inspiriert.

Mit der Wiederherstellung der Originalhöhe von Ewarts Eingangsturm ist es zudem gelungen, die Klarheit des ursprünglichen Rundgangs zurückzugewinnen. Eine neue »Schmetterlingstreppe« wurde am Hauptatrium eingefügt, die die Kontinuität des Rundgangs durch alle vier Ebenen des Museums wiederherstellt. Darüber hinaus gibt sie den Besuchern die Möglichkeit, die restaurierte Bausubstanz aus nächster Nähe zu betrachten. Indem sich die symmetrisch angeordneten Treppenläufe auf einem Treppenabsatz zwischen den Stockwerken treffen, entsteht das Bild eines Schmetterlings mit aufgespannten Flügeln. Die Treppe ist als Rundgangsschema gut lesbar und wirkt aus der Ferne, als würde sie aus dem Steinunterbau aufsteigen. Dadurch bringt sie die Hallen und Flügel des Museums in Einklang.

Neubewertung des nationalen Erbes _____ Das vom Bund finanzierte Projekt umfasste die Restaurierung der denkmalgeschützten Bausubstanz. Diese beinhaltete Originalputz, Mosaikfußböden, Marmortreppenstufen, Verkleidungen und Mauerwerk. Experten führten eine Farbanalyse in der vierstöckigen Vorhalle durch, um das ursprüngliche Farbschema zu bestimmen, das zehn Mal übermalt worden war. Anschließend wurde die Halle entsprechend der Farbplatte Ewarts in hellen Cremefarben und Ocker neu gestrichen. Aus dem großen Bogenfenster des Atriums wurde das Glas entfernt, was die Sicht in die Vorhalle durch die Bögen der Holzmaßwerkfenster ermöglicht. Bronzene Kugellampen, die vor 50 Jahren entfernt wurden, goss man neu und brachte sie wieder auf beiden Seiten der Atriumtreppe an; kunstvoll verzierte Bronzegeländer, die die Galerien umsäumten und altersgeschwärzt waren,

Canadian Museum of Nature, Ottawa
links: Mittelrisalit mit Turmaufbau
rechts: »Schmetterlingstreppe«

wurden abgeschliffen und erhielten die originale Patina zurück. Ebenso wurden neue Wandleuchter angebracht, um die kunstvollen Gewölbe zu betonen.

Teile des originalen Marmorfußbodens der Galerien konnten gerettet werden; diese wurden in Salon, Sitzungssaal und Wechselausstellungsräumen wieder eingebaut. Die ursprünglichen Treppenstufen und -absätze aus Schiefer fanden in den öffentlichen Toiletten im Untergeschoss eine Wiederverwendung. Glasierte Ziegel und freigelegte alte Steinwände führen zu einem besonderen Raumerlebnis in diesem Foyer.

Dauerhaftigkeit _____ Da das Renovierungsprojekt im Rahmen eines 100-Jahresplans konzipiert wurde, ist es nachhaltig auf Flexibiliät und Dauerhaftigkeit ausgerichtet. Um eine Anzahl von flexiblen Bereichen für wechselnde Programme der Sammlungen des Museums zu erhalten, wurden die Hallen und Flügel des Naturkundemuseums baulich angepasst. Während sich lebende Tiere, pflanzliches Material, die Laderampe und gebäudetechnische Anlagen im neuen Anbau befinden, sind im alten Gebäude ortsfeste Ausstellungsgegenstände untergebracht, um bei einem Keimbefall der Sammlungen und Ausstellungsstücke angemessen eingreifen zu können. Die Aufrüstungsmaßnahmen zur Erdbebensicherheit geben dem Baudenkmal die notwendige Stabilität, während die dynamische Pufferzone zur Langlebigkeit der Sammlungen beiträgt. Alt und Neu, historische Wände und Erdbebenschutzrahmen, originale und neue Mosaikfußböden, Atrium und Laternenaufsatz bekräftigen diesen Einsatz für eine nachhaltige Dauerhaftigkeit.

Reaktion der Öffentlichkeit _____ Seit ihrer Eröffnung Ende Mai 2010 sah eine rekordverdächtige Zahl von über 300.000 Besuchern die neue Dauerausstellung. Allein am Eröffnungswochenende kamen 35.000 Besucher. Im Durchschnitt besuchen ungefähr 4.000 Menschen täglich das Museum – eine deutliche Steigerung gegenüber den 1.000 Besuchern, die vor der Renovierung das kanadische Naturkundemuseum täglich aufsuchten.

Stift Altenburg in Österreich
Luftaufnahme

DAS NEUE ALTE UND DAS ALTE NEUE

Christian Jabornegg

STIFT ALTENBURG MUSEUM

Stift Altenburg
Blick vom Altan auf das Stift

Das Projekt Stift Altenburg ist wie viele unserer Projekte in einem historischen Umfeld angesiedelt. So unterschiedlich die Lösungsansätze für die einzelnen Projekte sind, so sehr teilen sie den gleichen methodischen Ansatz. Die aktuell oft gebräuchliche Terminologie des »Weiterbauens« entspricht durchaus dieser Arbeitsweise. Das Weiterbauen gründet aber immer auf einer topografischen oder objekthaften Gegenwart, und damit auch auf einer Realität der wir uns in keiner Weise entziehen können. Die ausgeprägte Referenz zum Umfeld wird damit auch zur gemeinsamen wesentlichen Grundlage des architektonischen Planens, das sich so in klar definierte räumliche Strukturen einfügt und erst innerhalb dieser Tatsache mit all ihren Gegensätzen und Widerständen seine tatsächliche Bedeutung erfährt. Es ist damit nicht der isolierte Designwert im Vordergrund der Wahrnehmung, sondern vielmehr das Potenzial des architektonischen Eingriffs in seine Umgebung. Das Ergebnis dieser Auseinandersetzung bildet sich in einer Eigenständigkeit ab, die in Ihrer Charakteristik nur schwer wiederholbar ist.

Die Tradition der Auseinandersetzung zwischen Kontext und Veränderung ist mit der Moderne und ihrer klaren Ausrichtung auf das Neue – und damit auch auf eine radikale Form der Veränderung – zunehmend ausgeblendet worden. Die Geschichte kennt in der Folge eher ein stilles Nebeneinander von kontrastierendem Eingriff und restauriertem Bestand. Eine Tatsache kristallisiert sich zunehmend als radikale Freiheit heraus, die es erlaubt, nicht nur das Neue anzuordnen, sondern auch das Alte weiterzubauen.

Bedeutungen auf einen klaren Nenner – wie auch gleichzeitig deren räumliche Qualitäten zur Entfaltung – bringen zu können, ist ein Aspekt, der für uns zum Ausgangspunkt wird, um typologisch klare, jedoch hochspezifische Lösungen innerhalb eines Kontextes anzustreben und zu erarbeiten. Die Präzision im Verhältnis von Inhalt, architektonischer Form und ihrer Materialität wird so für uns zur bestimmenden Referenz essenzieller Aussagen, unabhängig vom Format der jeweiligen Handlung. Auf dieser Grundlage verdichten sich Programm, räumliche Qualität und konstruktive Logik zu einer Sprache, die auch in gänzlich unterschiedlichen Aufgaben konsequent eingesetzt werden kann.

Das Stift Altenburg liegt auf einem nach Osten und Süden hin abfallenden Felssporn. Die heutige barocke Anlage wurde von Abt Placidus Much beauftragt und durch den Baumeister Josef Munggenast in der Zeit zwischen 1730 und 1743 errichtet, wobei große Teile der spätmittelalterlichen Klosteranlage unter dem monumentalen Ausbau verschwanden. Dadurch erhielt Munggenast eine freie ebene Fläche, hinter der die imposante Ostfassade, dem damaligen Zeitgeist entsprechend, erst richtig zur Geltung kam. Seit dem späten 18. Jahrhundert wurden im Kloster keine größeren Umbauten mehr durchgeführt.

81

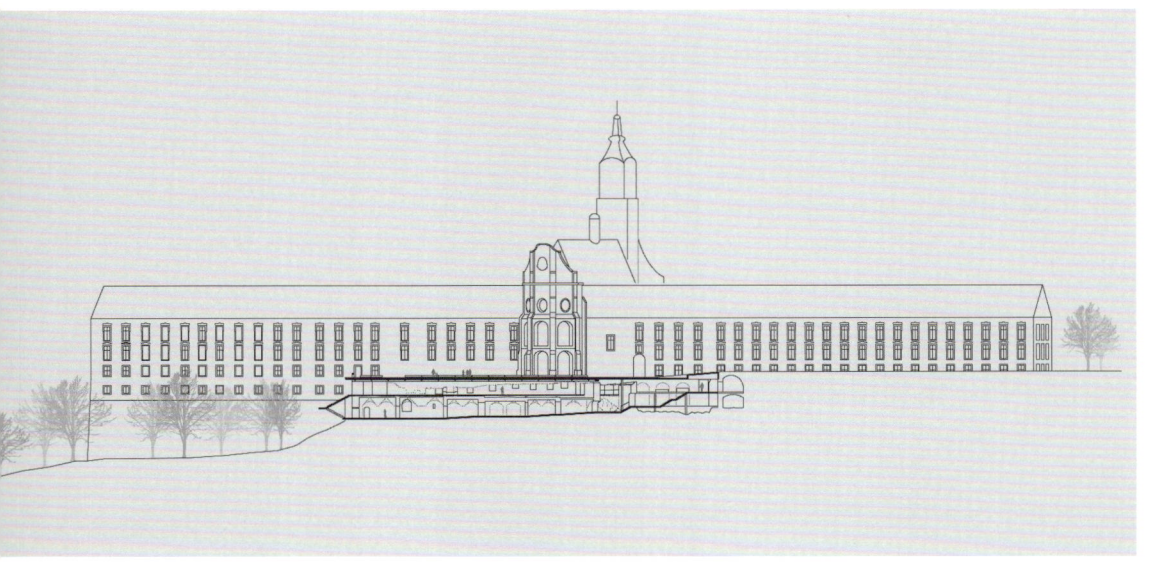

Stift Altenburg
oben: Schnitt mit Altan
unten: freigelegte Mauern
des mittelalterlichen Klosters

Joseph Munggenasts Pläne für Stift Altenburg stellen der Ausdehnung des Hauptprospektes der Klosteranlage eine adäquate Freifläche gegenüber. Das einheitliche Niveau bietet nicht nur einen Ausblick in die angrenzende Landschaft, sondern offeriert auch von zahlreichen Standorten aus die Sicht auf die Hauptfassade des Stiftes.

Der Altan wurde auf einer im Barock oberhalb des mittelalterlichen Klosters angelegten Beschüttung errichtet. In den letzten Jahren beeinträchtigte der Erddruck der Beschüttung die Stützmauer der Altane zunehmend in ihrer Standfestigkeit. Als notwendige Konsequenz erfolgte im Jahr 2000 der Aushub des Füllmaterials zur Entlastung der Bestandsstruktur. Das Ergebnis dieses Eingriffs war nicht nur die statische Sicherung der Anlage, sondern auch die Freilegung der Reste des mittelalterlichen Klosters auf mehreren Ebenen. Die Bereiche dieser mittelalterlichen Bauphase sollen nicht nur als Ausstellungsflächen genutzt werden, sondern schaffen eine zusammenhängende räumliche Verbindung zu den bereits bestehenden Ausstellungsbereichen innerhalb des Hauptprospektes. Der obere Abschluss der mittelalterlichen Klosteranlage wird wieder in Form einer Altane ausgebildet, deren Höhenlage sich an dem barocken Niveau der angrenzenden Hofbereiche orientiert. Sie wird so zur klar definierten Kontur des Grabungsbereiches, aber auch zu einer großzügigen Verkehrsfläche, die das Prinzip der Altane mit den Mitteln der Gegenwart erneut einlöst.

Die einzelnen Bauphasen des Stiftes sind mit dem Datum ihrer Entstehung deutlich in den jeweiligen Bauabschnitten ablesbar. Lediglich im Foyerbereich der neuen Museumsanlage erfolgte im Barock eine intensive Überformung des ursprünglichen mittelalterlichen Kirchenraumes, um diesen in einem neuen, barocken Raumgefüge auszublenden. Die nunmehr erfolgte Abtragung dieses Eingriffes macht die Baugeschichte der Klosteranlage an einem Teilaspekt exemplarisch sichtbar.

Wenn Bruno Reichlin den Umgang mit einer alten Bausubstanz, ihre Analyse, Erforschung, Neuinterpretation und schließlich ihre Rolle im Zusammenhang mit dem Neuen als Entwurf bezeichnet, so ist dieser Sachverhalt in unseren Arbeiten ein zentrales Thema.

Auf dem CIAM-Kongress in Otterlo, bei dem etliche Vorstellungen der Gründerväter der Moderne durch eine neue Architektengeneration beerdigt wurden, erläuterte Aldo van Eyck das symbiotische Zusammenwirken von Bestand und Neubau in einer treffenden Metapher: Die moderne Architektur habe sich immer nur bemüht auszuatmen, ohne einzuatmen, also nur Neues zu produzieren, ohne Vorhandenes aufzunehmen. Dies sei genauso erstickend wie das Gegenteil, nur Altes aufzunehmen und zu reproduzieren. Nur durch Ein- und Ausatmen, durch Nehmen und Geben entsteht eine lebensfähige Gestaltung.

Ein bekanntes Diktum von Paul Klee lautet: Architektur »macht sichtbar«, so läßt sich aus einem Abstand betrachtet unser Programm in einer fast paradoxen Weise beschreiben: Die Eingriffe sind immer lesbar und explizit gestaltet, aber sie dienen nicht dazu, neue eigenständige Strukturen zu gestalten, die die alten ohne Rücksicht überschreiben wollen, sondern sie fügen sich ein, ohne ihre Eigenständigkeit zu verlieren.

Ein vorhandener Kern wird in seiner räumlichen Qualität freigelegt und so im Programm der Moderne entweder umgeschrieben oder weitergeschrieben. Die Praxis dabei ist die Offenlegung, die als Mittel Räume in einer Weise interpretiert, die unterschiedlichste Nutzungen ermöglichen soll.

Schweizerisches Nationalmuseum
Landesmuseum Zürich
»Galerie Sammlungen« in der
Säulenhalle mit Betongewölbe

INSZENIERTE GESCHICHTEN VON GESCHICHTE

Tristan Kobler

SCHWEIZERISCHES LANDESMUSEUM ZÜRICH

Ende des 18. Jahrhunderts wurden erste Überlegungen zum Bau eines schweizerischen Landesmuseums formuliert. Die Gründung des Schweizer Bundesstaates 1848 bekräftigte den Wunsch nach einem nationalen Museum: Der junge Staat suchte die kulturelle und architektonische Selbstdarstellung. Bis dahin existierte kein kulturgeschichtliches Museum mit einer nationalen Sammlung »vaterländischer Altertümer«, wie es damals hieß. Kantonale Museen, meist aus den Beständen von Zeughäusern entstanden, gepaart mit kantonalem Hoheitsdenken haben lange Zeit die konkrete Verwirklichung des nationalen Museums verhindert. Grund dafür war vermutlich auch Angst vor der Rückgabe des Beutegutes aus anderen Kantonen; ein Prozess, der bis heute noch nicht abgeschlossen ist.

Der Entschluss, ein eidgenössisches Museum zu bauen, um den stark zunehmenden Verkauf und die Zerstörung nationalen Kulturgutes einzudämmen, es zu sammeln und dort zu vereinen, fiel nach mehreren Anläufen erst über hundert Jahre später, 1891. Zürich gewann damals den Wettstreit um den Standort gegen die Städte Luzern, Basel und Bern. Der Bundesbeschluss verpflichtete Zürich, das Bauland für das Museum kostenlos zur Verfügung zu stellen, das Gebäude zu errichten und zu erhalten sowie den Platz für eine Erweiterung des Museums frei zu halten. Das Schweizerische Landesmuseum Zürich, ein Bau des Architekten und damaligen Stadtbaumeisters Gustav Gull, wurde schließlich im Jahre 1898 eröffnet.

Kurz zur Situation: Mitten in Zürich – auf einem großen Landstück – steht das Gull'sche Gebäude, die seit 2002 geplante Erweiterung der Architekten Christ & Gantenbein ist gegenwärtig im Bau. Das Museum befindet sich gleich neben dem Hauptbahnhof, in bester Innenstadtlage.

Vorbild für das Bauwerk waren historische Bauten und Schlösser, die zu Museen umgebaut worden waren. Auf Studienreisen vor allem nach Frankreich und England besuchten der damalige Direktor Heinrich Angst und der Architekt Gustav Gull verschiedene internationale Museen. Analog zu diesen Vorbildern wählte man für das Landesmuseum eine historische Erscheinung, die sich am damals bewunderten Mittelalter und an der Renaissance orientierte. Mittelalter deshalb, weil die Schweiz zu jener Zeit Großmachtpolitik betrieben hatte. Historische Gebäudeteile, Bauteile und Zitate aus verschiedenen Landesteilen wurden im historistischen Stilpluralismus des Landesmuseums vereint. Das Gebäude nahm damals das Museum mit der kulturhistorischen Sammlung auf und bis 1933 auch die Kunstgewerbeschule. Beispielhaftes

Kunstgewerbe wurde in ideeller und räumlicher Verbindung zum Museum inszeniert. Zusammen mit den idealtypischen Räumen sollten die kunstgewerblichen Objekte der Sammlung Vorbild für das Schaffen des zeitgenössischen Kunstgewerbes sein.

Herzstück des neuen Landesmuseums war die symbolträchtige Ruhmeshalle im neugotischen Stil als Höhepunkt und Abschluss des Ausstellungsrundgangs. In Anlehnung an sakrale Bauten mit großen Fenstern und feingliedrigen Stützen wurde ein dreigeteilter Saal mit drei neogotischen Kuppeln realisiert. Hinzu kamen die Kantonswappen. Im Schlussstein der mittleren, 16 Meter hohen Kuppel ist das Schweizer Kreuz eingemeißelt. Die ganze Inszenierung von Architektur und Ausstellung sollte symbolträchtig und staatsfördernd – ja staatsbildend – wirken. Der neue Bundesstaat mit seiner modernen Verfassung wurde nach den Wirren des vorangegangenen Bürgerkriegs als Willensakt des Staatenbundes gegründet; nationale Gefühle waren allerdings kaum vorhanden.

Bereits bei seiner Eröffnung wurde der Bau als zu eng empfunden, es herrschte Platznot für die schnell wachsende Sammlung. Erste Erweiterungspläne wurden schon 1910 diskutiert, also bereits zwölf Jahre nach der Eröffnung. Nach 100 Jahren Nutzung war das Landesmuseum in einem derart desolaten Zustand, dass lange über die Varianten Abriss und Neubau oder Sanierung und Annexbau diskutiert wurde. Im Jahre 2002 gewann das Architekturbüro Christ & Gantenbein den Wettbewerb für einen Erweiterungsbau. In Analogie zum Gull-Gebäude setzten sie parkseitig einen Neubau mit einer modernen Interpretation von Architekturzitaten sowie architektonischen Referenzen und schlossen den Bau um den zentralen Innenhof. Zeitgleich wurde das Gull-Gebäude unter Denkmalschutz gestellt.

Der Annexbau ergänzt die bestehende Anlage um ein öffentliches Studienzentrum, eine Bibliothek, ein Auditorium und Wechselausstellungsräume. Das Budget für den städtischen Anteil am redimensionierten Projekt wurde über 100 Jahre nach den ersten Erweiterungsvorschlägen per Volksabstimmung bewilligt.

2009 konnte die erste Sanierungsetappe des Gull-Baus mit den wichtigsten Ausstellungsräumen, der Ruhmeshalle und der darunterliegenden Säulenhalle abgeschlossen werden. Das Gebäude wurde erdbebensicher gemacht und die bautechnischen Mängel der Statik wurden beseitigt; das bedeutete den Einbau eines komplett neuen Bodens. Ebenfalls behoben wurden die problematischen brandschutztechnischen Verhältnisse und die klimatischen Defizite. Große Teile des Museums waren bis zur Sanierung nie isoliert oder beheizt worden.

87

Diese »kreative Rekonstruktion« – wie es die Architekten selbst nennen – bewahrt die Heterogenität des Hauses, belässt Widersprüchliches und ergänzt mit wenigen sichtbaren und zeitgemäßen Eingriffen die Ideen der historischen Architektur. Auf eine genaue Rekonstruktion bestehender Bauteile wurde verzichtet, da die enge und chaotische Bauzeit unter Gull mit mehreren Baufirmen zu vielen Baufehlern geführt hatte, was eine einheitliche und qualitativ hochwertige Detailgestaltung der Architektur verhinderte. Viele spätere Änderungen und Einbauten, die meist die Wirkung der Räume reduzierten, wurden entfernt, um die ursprünglichen Raumdimensionen wieder spürbar zu machen. Nicht erhalten oder rekonstruiert wurden die Bemalungen im Stile des 19. Jahrhunderts und die Farbgebung.

Obwohl die neueste Sanierung sehr umfangreich war, sind nur wenige der Eingriffe für die Museumsbesucher überhaupt sichtbar. Am auffälligsten ist sicher die Nachbildung des Kreuzgewölbes in sichtbarem Beton über der Säulenhalle, die unterhalb der zentralen Ruhmeshalle liegt. Die Decke wurde entgegen der ursprünglichen Version nicht verputzt oder verschlemmt.

Die Architekten Christ & Gantenbein strebten im Sinne von Gull ein Zusammenfallen von Raum, Architektur und Exponaten an. Eine Rekonstruktion alter Vitrinen, auch eine Neuinterpretation entspricht aber nicht mehr den heutigen Vermittlungsvorstellungen. Ihre Absicht, Gull modern zu interpretieren, war für uns als Ausstellungsgestalter und Szenografen problematisch, da sich unsere ideellen Vorstellungen, die konservatorischen Anforderungen und gestalterischen Entwicklungen nicht mehr mit denen von vor 100 Jahren decken. Die Absicht, das ursprüngliche Tageslichtmuseum mit seinen großen Fenstern auch nach dem Umbau gleich hell zu erhalten, scheiterte an den Bedingungen für die Exponate. Zum Schutz der wertvollen historischen Textilien, Fotografien oder Papierarbeiten musste die Lichtintensität mit textilem Sonnenschutz auf die geforderten Werte reduziert werden.

Das Museum wurde in den letzten 100 Jahren mehrfach umgebaut, einerseits weil die Räume umgenutzt wurden, andererseits weil Abläufe oder Besucherführung überhaupt nicht funktionierten. Mit dem Auszug der Kunstgewerbeschule veränderten sich viele Funktionsaufteilungen, aus Verwaltungs- und Direktionsräumen wurden Ausstellungsräume. Im vergangenen Jahrhundert wurden die Umbauten jedoch konzeptlos und situativ angegangen, ohne die grundsätzlichen Probleme zu lösen. Erst mit diesem Umbau ist es gelungen, alte und neu dazu gekommene Räume zu einem zusammenhängenden Raumkontinuum zu verschmelzen.

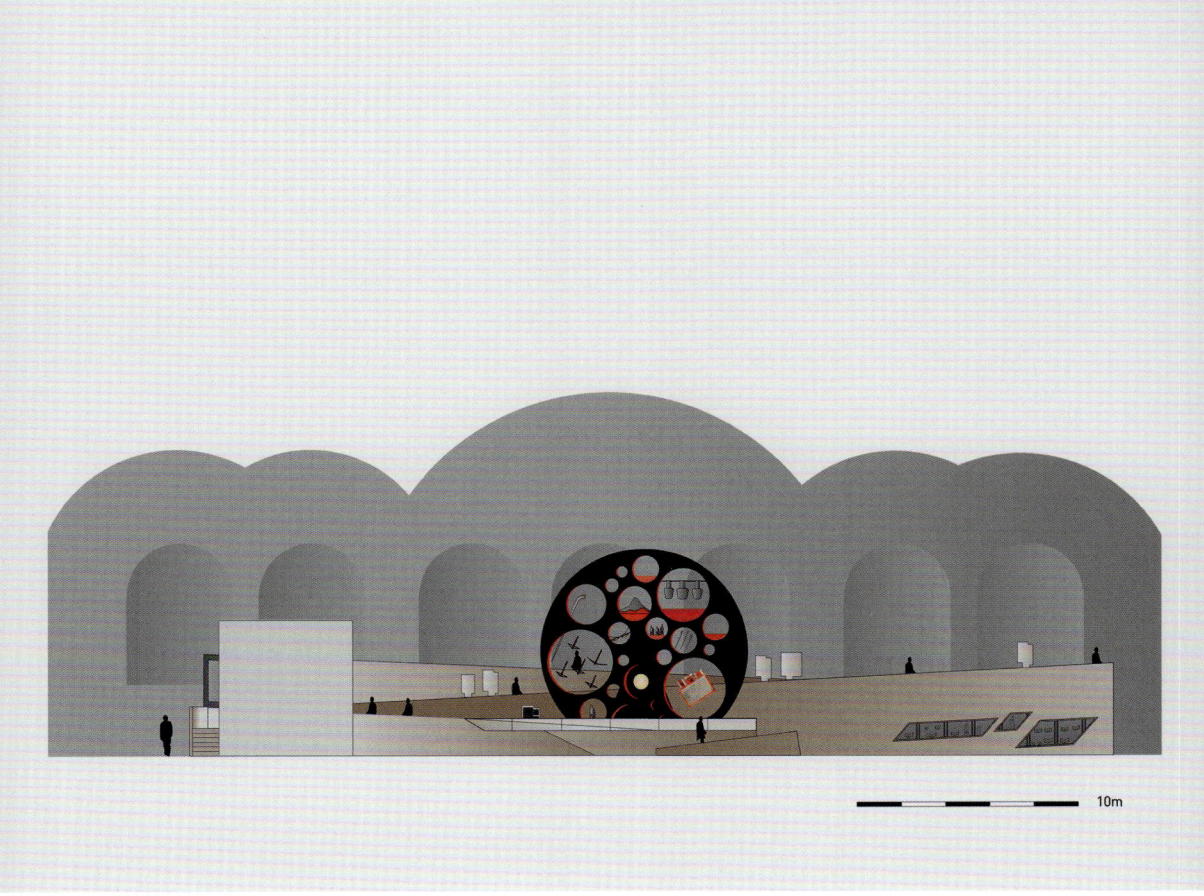

10m

Landesmuseum Zürich
Galerie Sammlungen mit Mythenrad, Schnitt

Ferdinand Hodler, Triptychon
»Der Rückzug der Schweizer aus der Schlacht
von Marignano von 1515« in der Ruhmeshalle
des Landesmuseums Zürich

Die ursprüngliche Wegführung und Raumaufteilung wurde teilweise leider wieder hergestellt. Eine freiere Interpretation hätte sicherlich eine bessere Orientierung ermöglicht.

Das ganze Gebäude, insbesondere die Ruhmeshalle mit dem Triptychon von Ferdinand Hodler, zeigt eine Überlagerung von Deutungen und Bedeutungen, von Originalen und Nachempfindungen, von Symbolen und Inszenierungen. An der Ruhmeshalle haben sich immer wieder Streitigkeiten über die Darstellung der Schweizer Identität und die Interpretation der Schweizer Geschichte entzündet. Die erste Ausstellung zeigte mittelalterliche Waffen, Harnische und Fahnen und war auf rein ästhetische Wirkung hin angelegt. Erkenntnisgewinn oder historische Vermittlung waren unwichtig. Erst mehrere Jahre nach Eröffnung wurden im Haus die ersten Objekte beschriftet. Der erste Direktor des Landesmuseums, Heinrich Angst, versteckte und verstellte das Triptychon von Ferdinand Hodler mit Waffen und Fahnen und schikanierte den Maler bis zur Fertigstellung der Fresken – fast vier Jahre lang.

Schon beim Aufbau des Hauses und kurz nach der Eröffnung wurden die Mängel des Museums festgestellt. Die großen Fenster ließen keinen Raum für Hängeflächen. Das Tageslicht zog schon in den ersten sieben Jahren viele der empfindlichen Exponate, vor allem die in Kriegszügen erbeuteten Fahnen, unwiderruflich in Mitleidenschaft und zerstörte sie. Auch die ungeheizten und nicht klimatisierten Räume waren für viele Exponate problematisch. Verwirrend waren ebenso die Besucherführung und die Orientierung im Haus, die mit jedem neuen Umbau nur noch unübersichtlicher geworden waren. Die bei der Eröffnung gerühmte Architektur wurde sehr bald konservatorisch und stilistisch zur Hypothek. Erstaunlicherweise hat die erste Ausstellung trotzdem 50 Jahre mit nur minimalen Änderungen überlebt. Sie wurde erst 1953 ersetzt, wiederum durch eine Waffenausstellung, die vom Kalten Krieg geprägt und extrem didaktisch war. Diese zweite Ausstellung hat etwa 45 Jahre überstanden und wurde 1998 zur 150-Jahr-Feier des Schweizer Bundesstaates durch eine Ausstellung über die »Aktivgeneration« ersetzt. In den ersten 100 Jahren gab es also nur zwei Dauerausstellungen in der Ruhmeshalle. Innerhalb weniger Jahre folgten dann Wechselausstellungen, die anstelle der nationalen Erinnerungskultur verschiedene Themen zum Inhalt hatten.

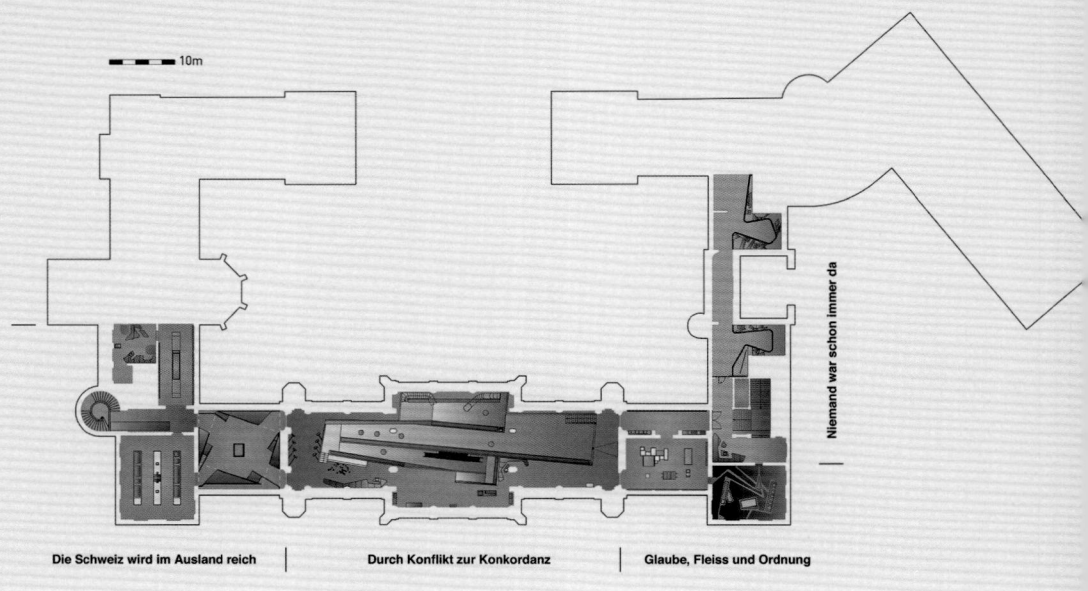

Die Schweiz wird im Ausland reich | Durch Konflikt zur Konkordanz | Glaube, Fleiss und Ordnung

Niemand war schon immer da

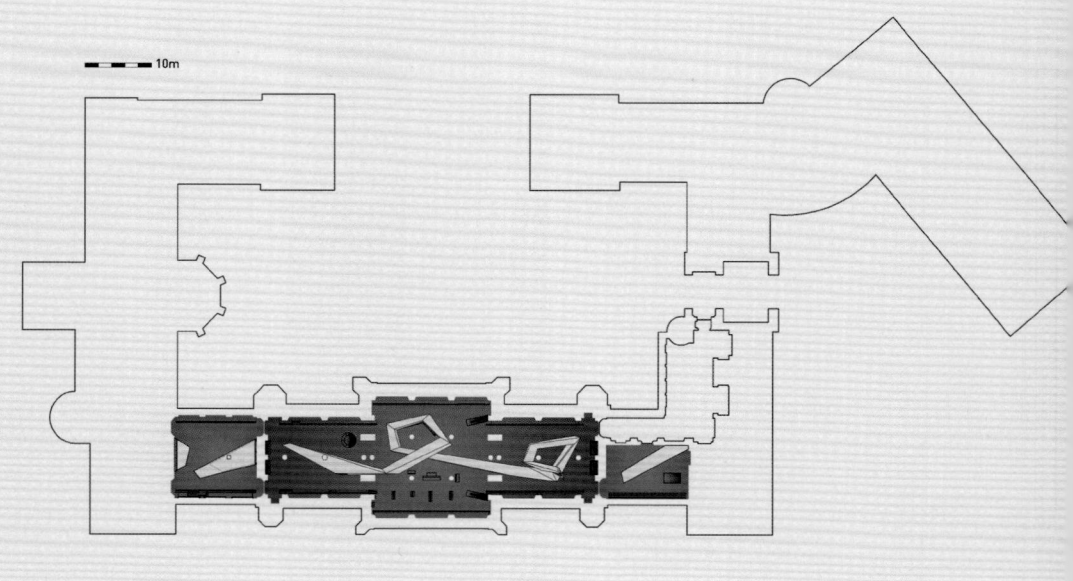

Landesmuseum Zürich
oben: Grundriss »Galerie Sammlungen«
unten: Grundriss Ruhmeshalle

Wir wurden 2003 angefragt, eine dritte Waffenausstellung mit dem Titel »Waffen werfen Schatten« zu inszenieren. Sie war vermutlich als Reaktion auf Forderungen nach einer symbolträchtigen, mit Waffen geschmückten Ruhmeshalle initiiert worden. Der Neubau stand an und der Widerstand der Freunde der alten Waffenausstellung gegen diesen Neubau sollte mit der dritten, nur wenige Wochen dauernden Ausstellung mittelalterlicher Hieb- und Stichwaffen abgefedert werden. Für uns als Szenografen dieser Ausstellung war die Spannung zwischen Faszination und Abscheu gegenüber Waffen das zentrale Thema. Inspiriert von Hodlers ungeschönten und unheroischen Darstellungen der geschlagenen Krieger, haben wir bei unserer Installation den Strahlenkranz von Waffen genau auf das Auge des Besuchers gerichtet. Vom Voyeur als Mittäter bis zum Opfer sind es nur ein paar Schritte. Eingerahmt wurde die zentralsymmetrische Installation mit den 1652 hängenden Waffen von einem zarten Tüllstoff, dem Feldherrenzelt, mit Miniaturen der »Les misères de la guerre« von Jacques Callot. Seine Darstellung der Gräuel des Dreißigjährigen Krieges zeigte die Opfer, aber nicht die Täter – nicht die Helden, sondern die Verlierer. Diese Antikriegsbilder beeinflussten viel später Francisco de Goya bei seiner Serie »Los desastres de la Guerra«

Eine zweite, später in der Ruhmeshalle verwirklichte Ausstellung über die Schweizer Diplomatie nahm ebenfalls Bezug auf Ferdinand Hodler und gliederte die Halle horizontal in zwei Teile; in der Mitte die gedeckte Tafel eines Diplomaten-Banketts mit Blick auf das Antikriegsbild von Marignano: Warum? Erst nach der Schlacht von Marignano (1515), der ersten Niederlage nach vielen gewonnenen Schlachten, hatte die Schweiz begonnen, diplomatische Gespräche zu führen.

In eineinhalb Jahren entwickelten wir zwei neue Dauerausstellungen in Zusammenarbeit mit dem Direktor und den Kuratorinnen. In den drei Räumen des Erdgeschosses die Ausstellung »Galerie Sammlungen« und im Bahnhofsflügel des Obergeschosses »Geschichte Schweiz«. Die Ruhmeshalle als Ort nationaler Erinnerungskultur wurde damit nach einer kurzen Zwischenphase von Wechselausstellungen wieder zum Herzstück einer dritten Dauerausstellung.

Die beiden neuen Dauerausstellungen heben sich gestalterisch voneinander ab: Während die Besucher in der »Galerie Sammlungen« im Erdgeschoss Einblicke in ausgewählte Sammlungsbereiche des Schweizerischen Nationalmuseums erhalten, haben wir im Obergeschoss in der Ausstellung »Geschichte Schweiz«

einen inhaltlichen Ansatz gewählt. Wir haben die Einbauten auf den vorhandenen architektonischen Raum als größtes Exponat bezogen und uns gleichzeitig von der bestehenden Architektur formal abgesetzt, um die heutige Interpretation der Geschichte auch ästhetisch ablesbar zu machen. Wir haben uns auch entschieden, die Dauerausstellung als nicht dauerhaft erscheinen zu lassen. Dauerausstellungen sind für eine Laufzeit von sieben bis acht Jahre zu konzipieren, nicht für die Ewigkeit. Sie sollen den Mantel der Geschichtsinterpretation zeigen und im Wissen darum entstehen, dass unsere Sichtweise in einigen Jahren bereits wieder veraltet sein kann.

Wir haben uns sehr viel mit der Geschichte des Hauses beschäftigt, weil es immerhin darum ging, die Schweiz als Staat in seiner politischen und gesellschaftlichen Geschichte darzustellen. Begonnen haben wir mit der Frage: Was ist das bestehende Haus? Was sind die Voraussetzungen? Die Analyse ist auch ein Teil der Architektur und soll helfen, eine Antwort auf die Frage zu finden: Was für eine Haltung nehmen wir ein?

Die »Galerie Sammlungen« zeigt zwanzig Sammlungsschwerpunkte mit repräsentativen Exponaten in einer Rauminstallation, die als verbindendes Element die heterogenen kunsthandwerklichen Sammlungsbestände als Sammlungskörper versteht. In ihrer großen Dichte an Exponaten legt die Ausstellung viel Wert auf Vergleichbarkeit der Objekte innerhalb der Objektgruppen. Die Ausstellungsarchitektur setzt sich klar von der Architektur des Hauses ab und vermeidet jegliche historisierende Ästhetik.

Die Ausstellung »Geschichte Schweiz« zeigt die heutige Sicht auf die Schweizer Geschichte mit vier thematischen Schwerpunkten, die wiederum in Unterthemen aufgeteilt sind. »Niemand war schon immer da« behandelt die Themen Auswanderung und Zuwanderung, »Glaube, Fleiss und Ordnung« erklärt die Geistesgeschichte anhand der Religionsgeschichte, »Durch Konflikt zur Konkordanz« zeigt die politische Entwicklung des Bundesstaates auf. Dieser Themenschwerpunkt befindet sich im mittleren Raum, der Ruhmeshalle. Die ewig wiederkehrenden nationalen Mythen, über Jahrhunderte der Kitt des Landes, werden hier in einem sich langsam drehenden Mythenrad in Szene gesetzt, das wir mitten in den Raum gestellt haben. Der letzte Teil »Die Schweiz wird im Ausland reich« widmet sich der Schweizer Wirtschaftsgeschichte.

Bei der Ausstellung »Geschichte Schweiz« handelt es sich um eine Momentaufnahme, denn Geschichtsschreibung ist immer unabgeschlossen, stets fragmentarisch. So endet auch der als Rampe inszenierte Höhenweg in der Ruhmeshalle abrupt und lässt Raum für das noch Unbekannte der Zukunft.

95

Landesmuseum Zürich
Blick auf das Mythenrad und Hodlers
Triptychon im Hintergrund

Die Ruhmeshalle als symbolisches und politisches Herzstück des Museums beinhaltet in unserer Inszenierung die politische Geschichte der Schweiz. Als Repräsentationsraum des Schweizer Bundesstaates macht sie den Wandel schweizerischer Identitätsfindung erlebbar. Das Wissen darum, dass jede Generation ihre Sicht der Geschichte neu finden will und sich die Geschichtsforschung verändert, hat uns veranlasst, eine zeitgemäße und offene Interpretation des heutigen Verständnisses von Geschichtsschreibung zu zeigen. Uns interessierte nicht das Dauerhafte, sondern das Ephemere, sich Verändernde. Die Einbauten in der Ruhmeshalle sollen den Raum selbst aus einer neuen Perspektive erlebbar machen. Die Wahl einer eingebauten Rampe aus Holz – das sind die Wegfindungen – referiert auf die »staatsfördernde« und ephemere Schützenfestarchitektur, die das 19. und 20. Jahrhundert mehrmals als temporäre Festhalle hervorgebracht hat, die nachhaltig in Erinnerung blieben und zum Zusammengehörigkeitsgefühl beitrugen. Die Inszenierung sollte auch das Konstrukt Schweiz symbolhaft repräsentieren. In Anlehnung an die Vorliebe für Höhenwege haben wir eine aufsteigende Rampe gebaut, die Weitsicht und Überblick ermöglicht. Der aufstrebende Körper mit einer dynamischen Form versteht sich auch als Versinnbildlichung einer Bewegung, eines Dampfers in den Wogen der Zeit. Die Diskrepanz zwischen der einstigen Heroisierung gemeinsam geschlagener Schlachten und heutiger Hinterfragung der Position in einer durch Multikulturalität und Globalisierung geprägten Gesellschaft prallen in der Ruhmeshalle aufeinander. Die alten Symbole werden nicht versteckt oder ironisiert, sondern als Teil der Architektur und Teil der eigenen Identitätsfindung und Geschichtsschreibung gesehen. Die Geschichte der eigenen Geschichte wird in diesem Schlüsselraum ablesbar. Im Unterschied zur vom Denkmalschutz begleiteten Neuinterpretation bei der Sanierung der Halle dürfen sich die Einbauten eine größere Freiheit in Form und Gestaltung erlauben. Ausstellungsarchitektur ist Bauen auf Zeit. Die aktuelle Inszenierung der Ruhmeshalle sucht deshalb die Differenz und die Widersprüchlichkeit. Sie will nicht integrativ, sondern diskursiv und separatistisch sein. Sie sucht nicht die Harmonie oder Schönheit, sondern die Provokation und den Konflikt.

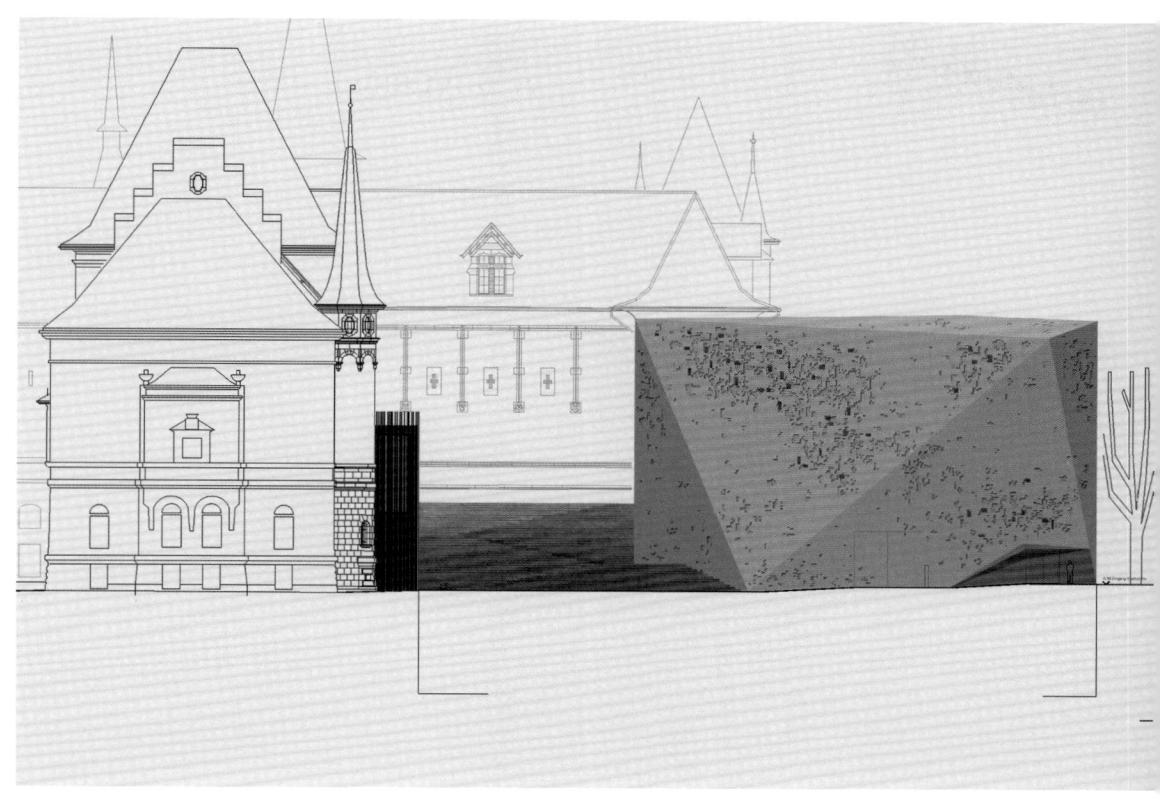

Historisches Museum Bern
Ansicht des Erweiterungsbaus

»TITAN«

Claude Marbach   ERWEITERUNGSBAU HISTORISCHES MUSEUM BERN

Historisches Museum Bern
ohne Anbau, Ansicht von 1911

Das Historische Museum Bern (BHM) liegt unmittelbar am Helvetiaplatz und wurde 1894 durch André Lambert erbaut. Es bildet den Auftakt zur sogenannten Museumsinsel von Bern, gegenüber dem Bundeshaus auf der anderen Seite der Aare. Mit dem Neubau »titan« erhält das Museum auf seiner Ostseite eine Erweiterung für museale und administrative Nutzungen. Im Sockelgeschoss befinden sich neben dem als »Blackbox« konzipierten, 1.000 Quadratmeter großen Wechselausstellungssaal 2.000 Quadratmeter Kulturgüterschutzräume. Im vertikalen Volumen der Erweiterung sind die Verwaltung des BHM sowie das Stadtarchiv der Stadt Bern untergebracht.

Die Entwurfsidee besteht darin, den Erweiterungsbau als öffentlichen und begehbaren Sockel auszubilden, aus dem sich ein raumbildendes Volumen entwickelt. Letzteres wird in seiner Form und Höhe als logische Fortsetzung der bestehenden Flügelbauten des Museums gelesen. Über die Abfolge der drei unterschiedlichen Außenräume »Garten«, »Platz« und »Treppenanlage« ist der Baukörper innerhalb des Ensembles verzahnt und stadträumlich mit den angrenzenden öffentlichen Kulturbauten verbunden.

Am Eingang zum Kirchenfeldquartier gelegen und über die Kirchenfeldbrücke direkt mit der Berner Innenstadt verbunden, liegt das Historische Museum mit seinem Mittelbau und den gegengleich abgewinkelten Flügeln auf einem künstlich aufgeschütteten Hügel. Neben dem BHM umfasst die Museumsinsel auch das Museum für Kommunikation, das Schützenmuseum, das Naturhistorische Museum, die Schweizer Landesbibliothek und das Kirchenfeldgymnasium. Greift man an einem solchen Ort mit einem Neubau ein, dann erfordert dies einen städtebaulich einfach verständlichen Lösungsansatz.

Gefordert waren eine fensterlose Blackbox für Wechselausstellungen, die modernsten Ansprüchen an Klimatisierung und Bespielungsmöglichkeiten genügt, ein Archiv für die aus allen Nähten platzende Sammlung des Museums sowie Verwaltungsräume für die wissenschaftlichen Mitarbeiter. Als langfristiger Mieter wurde bereits in der Wettbewerbsaufgabe das Stadtarchiv der Stadt Bern in die Vorgaben des Raumprogramms aufgenommen.

Nach Kenntnisnahme und genauer Analyse des Ortes fielen zwei wichtige Aspekte auf, die für den städtebaulichen Lösungsansatz entscheidend wurden: Die künstliche Anschüttung gegen die Hauptfassade auf der Seite am Helvetiaplatz lässt das Museum gegen die Altstadt hin imposant in Erscheinung treten. Dadurch entsteht ein

99

Niveauversatz im Terrain zwischen dem vorderen Teil des Gartens und dem hinteren Teil inklusive Wettbewerbsperimeter von über sechs Metern.

Räumlich wird die langgezogene Museumsinsel charakterisiert durch die Aufreihung der verschiedenen öffentlichen Bauten mit großzügigen Außenräumen, die sich dazwischen ausbreiten und zum Teil für das Publikum jederzeit zugänglich sind, zum Teil aber leider noch als erweiterte Parkplatzfläche missbraucht werden. Mit ihren Schmalseiten grenzen diese Gebäude jeweils bis an die Parzellengrenze und somit an die Straßenräume an und prägen deren Erscheinung entscheidend mit.

Der durch die künstliche Aufschüttung entstandene Niveauversprung von gut sechs Metern zwischen Vorder- und Rückseite des Museums wird genutzt, um die Blackbox mit 1.000 Quadratmetern Fläche auf der Rückseite samt Depot scheinbar in die Erde zu versenken. Das Verbergen des massigen Volumens des Wechselausstellungssaales in einen Sockel wird gleichzeitig verbunden mit dem Anbinden an die bestehende Erschließung respektive die bestehende Eingangshalle. Der Besucher erreicht den Saal über eine Verbindungstreppe, die durch gezielt platzierte Öffnungen in der Fassade den Niveauunterschied deutlich macht. Die entstehende Platzsituation auf der Dachfläche des Saals vermittelt zwischen dem Altbau und den Verwaltungsräumen, die im markantesten Teil der Erweiterung untergebracht sind, einem hoch aufragenden, polygonal angeschnittenen Volumen.

Die Depoträume für das Museum und das Stadtarchiv befinden sich auf zwei Niveaus unterhalb des Wechselausstellungssaales. Diese sind nach den Vorgaben des Kulturgüterschutzes gebaut worden. Das heißt unter anderem, dass keine der Depotzellen direkt an eine Außenwand grenzt. Die daraus entstehenden Pufferzonen werden für die haustechnische Erschließung genutzt und dienen auch als interne Erschließung der Depots mit dem Bestand. In jeder Depotzelle können spezifische klimatische Verhältnisse geschaffen werden, um Objekte aus den verschiedensten Materialien bestmöglich konservieren zu können. Die Anlieferung für den Wechselausstellungssaal und Depoträume erfolgt über ein großes Betontor, hinter dem ein witterungsgeschützter Vorraum direkt an den großzügig bemessenen Aufzug grenzt.

Da das Stadtarchiv autonom vom Museumsbetrieb funktionieren muss, ist dessen Eingang auf der Seite zur Helvetiastraße situiert – als logischer Zugang zum Hochvolumen, in dessen obersten Etagen sich auch die Verwaltung des Museums befindet.

100

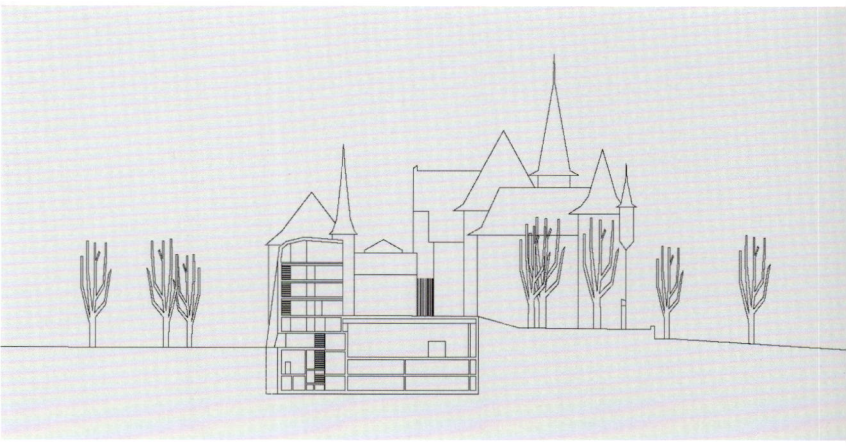

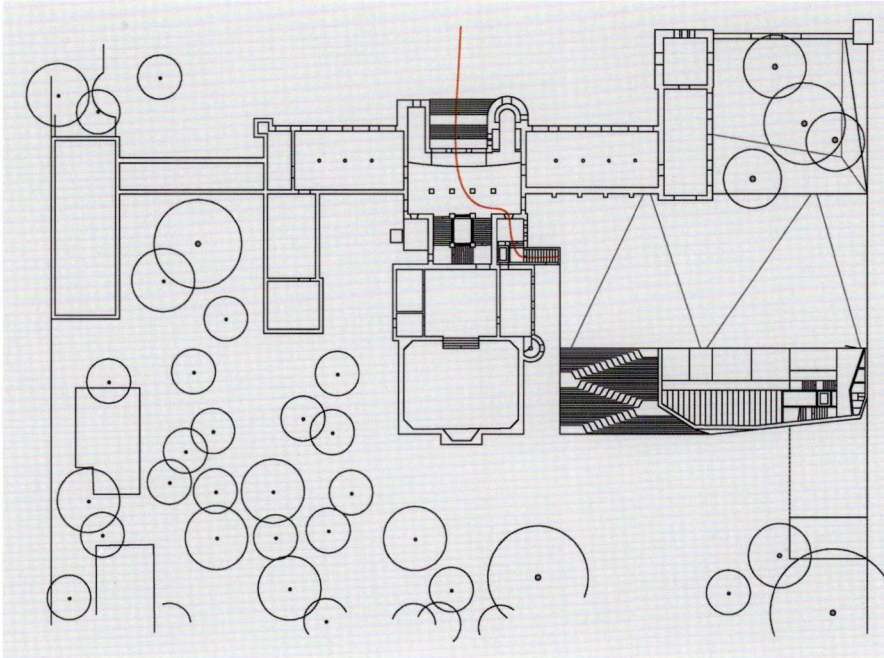

Historisches Museum Bern, Erweiterungsbau
oben: Querschnitt
unten: Grundriss, Geschoss auf Platzniveau

101

Historisches Museum Bern,
Erweiterungsbau, Südfassade

Die Anforderungen an die Innenräume ließen größere Fensteröffnungen gegen Osten, Westen und Süden nicht zu, da in den Büros der wissenschaftlichen Mitarbeiter auch mit lichtempfindlichen Gegenständen gearbeitet wird. Die Verwaltungsräume sind daher nach Norden ausgerichtet.

Durch die Materialisierung und Form, die in ihrer Thematik stark auf den Bestand Bezug nimmt, wird auf eine selbstverständliche, intuitive Weise der wichtige Dialog mit der alten Bausubstanz aufgenommen. Der schräg geschliffene Körper mit den verschiedenen schiefen Flächen nimmt das Formenthema der Dachlandschaft des Bestandes auf und fügt sich dadurch selbstverständlich in die Formensprachen der unmittelbaren Umgebung ein. Zudem kann durch das nichtorthogonale Volumen der visuelle Schwerpunkt verschoben werden, so dass die Gesamtkomposition mit dem Bestand im Gleichgewicht bleibt. Die Betonfassade wird durch die Schalungseinlage von Grobspanplatten verputzartig strukturiert. Dies, zusammen mit der gelben Einfärbung, nimmt dem Material Beton die Härte (die Sandsteinpartien der Fassade des Bestandes sind von einer ähnlichen Farbe). Die pixelartigen Vertiefungen unterstützen den monolithischen Ausdruck, da sie dem Volumen eine körperliche Tiefe geben. Diese Pixel sind Interpretationen der bearbeiteten Natursteinecken des Bestandes – jedoch in einer anderen Maßstäblichkeit. Der Abschluss gegen den Moser-Anbau sowie die Anschlussstelle an den Bestand sind mit einer flächigen Stelenfassade ausgebildet. Die Stelen stehen in einem unmittelbaren Vis-à-vis zu den schmiedeeisernen Gittern vor den Fensteröffnungen des Bestandes. Die Nordfassade ist als Ganzglasfassade im Pfosten-Riegel-System ausgebildet. Dank der Nordausrichtung und der Beschattung der Fassade durch den Bestand konnte auf einen außen liegenden Sonnenschutz verzichtet werden. Dadurch war es möglich, die Glasfläche als einheitlichen großen »Screen« auszubilden, in dem sich die Rückfassade des Bestandes spiegelt. Er stellt sich von der Kirchenfeldstraße als ein weiteres prägendes Element dar – auch hier ein Dialog mit dem Bestand im übertragenen Sinn.

Die Materialisierung der Innenräume beschränkt sich darauf, nicht mit der archaischen äußeren Erscheinung in Konkurrenz zu treten. Die Betonschale ist auch im Inneren mittels eines gröberen beigen, unregelmäßig aufgebrachten Putzes differenziert ausformuliert. Der Kern sowie die Trennwände sind zurückhaltend gestaltet. Räumlich zeigen sich die schiefen Ebenen des Büroturmes im Luftraum der Kaskadentreppe, die die oberen Geschosse des Turmes erschließt und als klimatische Pufferzone dient.

Projekt Heimatmuseum Montafon,
Schruns

**PROJEKT FÜR EIN
HEIMATMUSEUM MONTAFON IN SCHRUNS**

Stefan Marte

Projekt Heimatmuseum Montafon, Schruns
oben: Fassadenabwicklung, Nordostansicht
unten: Lageplan

Für uns war das Evangelische Diözesanmuseum in Fresach ein sehr wichtiges Projekt, obwohl es ein sehr kleines Projekt ist, annähernd so klein wie jenes, das ich Ihnen im Folgenden vorstellen werde. Museen interessieren uns schon seit Längerem, und wir hatten zuvor leider keine Möglichkeit, eines zu verwirklichen. Daher freut es uns natürlich umso mehr, dass wir uns nun endlich dieser Thematik stellen können.

Das Museum, um das es hier geht, ist in einem sehr sensiblen städtebaulichen Bereich geplant. Es ist zwar ein sehr kleines, einfaches Projekt, aber für den Ort ein sehr bedeutendes. Dabei geht es um das Thema Heimat, interessanterweise nicht um unsere Heimat Vorarlberg, aus der ich selbst komme und in der auch das Museum entstehen wird, sondern um die Heimat in diesem Tal. Es ist ein schmales Tal, ein Seitental: das Montafon. Durch seine Lage war es in den vergangenen Jahrhunderten – viel stärker als heutzutage – abgeschieden von unserem Land, und dadurch in gewisser Weise auch abgetrennt. Es hat in vielerlei Hinsicht eine gewisse eigenbrötlerische Dynamik entwickelt, die einen sagen lässt: »Ja, die Montafoner, die gehören nicht so richtig zu uns. Die kochen da ihr eigenes Süppchen.« Darum auch das Heimatmuseum Montafon.

Jetzt hat dieses Heimatmuseum einen engagierten Direktor, der das Thema Heimat sehr ambitioniert aufarbeitet, sowohl im Rückblick wie auch im Hier und Jetzt. Um das zu leisten, benötigt er ein neues Haus. Und genauso ambitioniert, wie er seine eigene Arbeit angeht, so ambitioniert ist auch die Herangehensweise: Es wurde ein Wettbewerb mit internationaler Jury veranstaltet, ein geladener Wettbewerb mit Beteiligungen aus Österreich, Deutschland, Italien und der Schweiz. Das hat uns die Skepsis genommen, ob da überhaupt etwas möglich sein wird, da wir diese Talschaft recht gut kennen.

In der Berglandschaft des Montafon liegt eine kleine Aufweitung des Tales, die Gemeinde Schruns, die Ortschaft, in der das Heimatmuseum verortet ist. Das Montafon sieht heute in etwa noch genauso aus wie auf den alten Impressionen, nur um zu umreißen, in welchem Spannungsfeld dieses Museum entstehen soll. In der Mitte der Ortschaft Schruns steht die Kirche – so wie es sich gehört. Und an diesem sehr prominenten Ort, dem Kirchplatz, steht das alte Heimatmuseum. Dort soll auch das neue wieder entstehen, in sehr zentraler Lage.

Es ist eines der ältesten Museen dieser Art im Alpenraum. Schon im Jahre 1906 wurde damit begonnen, volkskundlich interessante Exponate zu sammeln und hier zu vereinen. Es hat sich in diesem Heimatmuseum in den letzten fünfzig, sechzig Jahren

Projekt Heimatmuseum Montafon,
Schruns

Projekt Heimatmuseum Montafon, Schruns
Ansicht Ausstellungsraum

nicht sehr viel verändert, nur dass es räumlich an seine Grenzen gestoßen ist. Die große Herausforderung für uns bestand darin, das alte Museum in seiner Form aufzuwerten oder zu bearbeiten und eine Erweiterung zu schaffen. Die historisch wertvollen Teile des Gebäudes reichen bis ins Jahr 1573 zurück. Zum Museum gehört aber auch ein Haus, welches erst in den letzten Jahren erworben werden konnte, wodurch eine Erweiterung in dieser Form erst möglich wurde. Dazu kommt ein wenig heroischer Anbau aus den 1980er-Jahren, der laut Wettbewerbsvorgaben wieder beseitigt werden könnte. Vom Denkmalamt ist nur der bis 1573 zurückreichende Bauteil als erhaltenswert beurteilt worden und demnach zwingend zu bewahren. Aufgabe des Wettbewerbs war es, zu entscheiden, wie mit dem Rest des Bestandes umgegangen wird.

Das Haus neben dem alten Heimatmuseum besitzt eine gewisse sentimentale Qualität: Man hat sich daran gewöhnt, es sieht hübsch aus und wirkt auf bestimmte Weise auch im Ensemble mit dem bestehenden Heimatmuseum. Architektonisch ist es jedoch von geringerer Qualität. Es wurde oft umgebaut, oft erweitert und ist im unteren Geschoss von Geschäftsflächen durchsetzt. Unser Problem – oder das Problem an sich für das Wettbewerbsverfahren – war, dass natürlich sehr kritisch beobachtet wurde, wie mit diesem Haus umgegangen wird, weil man sich schlichtweg an seine Existenz gewöhnt hatte und es Teil des Ortszentrums geworden war. Aber wirklich wertvoll ist nur das eigentliche Heimatmuseum.

Im Gegensatz zu vielen anderen Wettbewerbsteilnehmern, die schlussendlich im hinteren Hofbereich ihre Erweiterung platziert haben, entschieden wir uns entsprechend dem Anspruch des Auslobers, in das Ensemble einzugreifen und dieses Haus nebst sämtlichen Anbauten aus den 1970er- und 80er-Jahren zu entfernen. Indem wir den historischen Bestand freischälen, tritt das Museum mit der Erweiterung am Platz noch stärker in Erscheinung – und in das Bewusstsein der Menschen. Es entsteht eine neue Gassensituation und ein neuer Museumshof, also eine interne, stadträumliche Beziehung im Ort, die es so noch nicht gegeben hat. An der Straße liegt der kubische Erweiterungsbau, im hinteren Bereich schließen sich Bibliothek und Verwaltungstrakt an.

Das Ergebnis ist ein einfaches Projekt, das gleichwohl eine große Ausdruckskraft und Qualität besitzt. Im unteren Geschoss finden die Depoträume Platz, auf der Museumshofebene die Bibliothek, einige der Werkstätten und die anderen Schauräume. Auf der Ebene des Kirchplatzes liegt der Zugang in das historische Gebäude, das dann sehr schön freigestellt und wirklich bereinigt wäre, aber in seiner Grundstruktur möglichst nicht angetastet wird.

109

Der historische, alte Teil des Heimatmuseums mit der kleinkammerigen Struktur grenzt an der Schnittstelle an die Erschließung zum Neubau mit seinen drei übereinandergestapelten Ausstellungsräumen an. Sie sollen eine entsprechende Größe und Bespielbarkeit haben, um die Nutzungstauglichkeit des historischen Museums zu verbessern und zu erweitern – ohne dem alten Museum zu nahezukommen. Dafür haben wir das alte Gebäude freigestellt und den Neubau als einen durchmodellierten, eher abstrakten Baukörper neben das alte Haus gesetzt. Dabei versuchten wir, das Bestehende weiterzudenken, Fluchten aufzunehmen und so ein moduliertes Volumen zu schaffen, welches subtil auf die gegebene Situation reagiert.

Dazu gehört auch, dass es auf jeder Ebene des Neubaus einen gerichteten Blick in das Umland gibt – nicht zuletzt natürlich in das Montafon, das dieses Heimatmuseum zum Thema hat. Schlussendlich geht es um die Qualität der zeitgenössischen Antwort, des zeitgenössischen Weiterdenkens eines historischen Museums in neuerFormensprache, das sich nicht weniger differenziert in den Straßenraum eingliedert als die alte Bebauung.

Für denjenigen, der sich dem Museum nähert, wird aus unserer Sicht mit dem Projekt das möglich, was der Museumsdirektor als Wunsch formuliert hat: nämlich das Museum noch stärker erlebbar zu machen, es noch mehr an den Platz und an die Öffentlichkeit zu holen. Das ambitionierte Programm, das er tagtäglich in seiner Arbeit lebt, würde in dem neuen Gebäude, das sich nicht im Hinterhof versteckt, ausgedrückt werden. Es steht selbstbewusst neben dem alten Museum, ohne dieses zu stark zu bedrängen. Das alte Museum wird dadurch erst richtig zum Strahlen, zum Leuchten gebracht. Neben das weiße Massiv des alten Montafoner Hauses haben wir das in Weißbeton gegossene skulpturale Element gesetzt, welches dieses Museum in seiner massiven Erscheinung weiterdenken soll.

So entsteht ein Dialog. Er drückt sich in der Gestalt des alten Museums aus, mit Täfelungen, Fliesen und Kachelöfen und den in über hundert Jahren gesammelten Schaustücken, welche das traditionelle Montafon repräsentieren. Im Gegensatz dazu stehen daneben die eher nüchternen, sachlich-funktionalen Ausstellungsräume des neuen Museums, welche aber immer wieder über einen Ausblick in die Landschaft, in die Umgebung entsprechend spürbar machen, dass man sich nicht in irgendeinem Museum befindet, sondern in dem Museum, das für das Montafon steht.

(2011 fiel in einer Volksabstimmung die Entscheidung, den Entwurf von marte.marte architekten nicht zu verwirklichen.)

Luther-Geburtshaus, Eisleben
Besucherzentrum an
der Halleschen Straße

MUSEUMSERWEITERUNG ALS STADTREPARATUR _____

LUTHERSTADT EISLEBEN

Ulrike Wendland

Eisleben liegt ein- und ausdrucksvoll in der bewegten Topografie, die die Ausläufer des Ostharzes sowie die unter- und oberirdischen Relikte des Bergbaus bilden. Hier wurden vom Mittelalter bis 1990 Kupfer und andere Rohstoffe aus der Erde geholt. Das prägt bis heute die Landschaft mit ihren Senkungen und Halden, die spezifische Bebauung der Bergleutesiedlungen, aber auch die Menschen. Und wie in allen Regionen der Welt, in denen der Bergbau eingestellt wurde, prägt auch sein Ende die Landschaft, die Bauten, die Menschen.

Kein Ort für Baukultur? Oh doch. In Eisleben gibt es inzwischen ein überzeugendes Miteinander von alter und aktueller Architekturqualität. Auf der Suche nach der Formel für das »gute«, »richtige« Weiterbauen am historischen Bestand sollte nicht nur Eichstätt obligatorische Station für Architekturpilger sein, wo der langjährige Diözesanbaumeister Karljosef Schattner Alt und Neu beispielhaft miteinander verband, sondern auch Eisleben.

Der Reichtum und die Baukultur früherer Jahrhunderte haben in Eisleben vier spätmittelalterliche Kirchen mit besonderen Ausstattungen, ein Rathaus und andere aufwendige Bauten der Frühen Neuzeit am Markt und im Stadtkern sowie einen noch intakten Stadtgrundriss hinterlassen. Zahlreiche Parzellenbebauungen gehen in die Frühe Neuzeit zurück. Und es gibt zwei Bürgerhäuser, von denen das eine, Martin Luthers Geburtshaus, schon im 16. Jahrhundert, das andere, Martin Luthers vermeintliches Sterbehaus, im 19. Jahrhundert aktiv als Memorialorte inszeniert und seitdem auch als solche rezipiert wurden. Beide Gebäude sind seit 1996 Teile des seriellen Weltkulturerbes »Lutherstätten in Eisleben und Wittenberg«.

Nach einer lange erzwungenen Vernachlässigung und enormen Anstrengungen der Stadt und ihrer Bürger geht es den Leitbauten, etlichen Bürgerhäusern sowie dem öffentlichen Raum in Eisleben schon wieder sichtbar besser. Zwischen aufwendig Wiederhergestelltem, zwischen Gebäuden und Brachen mit noch ungewisser Zukunft finden sich zahlreiche Luther-Orte: An das Luther-Geburtshaus schließen sich der neue Ausstellungsflügel und auf der gegenüberliegenden Straßenseite der Touristenempfang an (2007, Bauherr: Stiftung Luthergedenkstätten, Entwurf Springer Architekten, Berlin). Dazu kommen der Schöpfungsgarten (2009, Bauherr: Stiftung Luthergedenkstätten, Entwurf: Lohrer.Hochrein Landschaftsarchitekten, Magdeburg), die Ohrenweiden als temporärer Garten am Lutherweg (2008, Bauherr: Lutherstadt Eisleben, Entwurf: atelier le balto, Berlin), die Stadtterrassen (2010, Bauherr: Lutherstadt Eisleben, Entwurf: Lohrer.Hochrein Landschaftsarchitekten, Magdeburg) sowie das 2012 eingeweihte Zentrum Taufe (Bauherr: Evangelische Kirchengemeinde St. Andreas-Nikolai-Petri Eisleben, Entwurf: AFF Architekten Berlin) in Martin Luthers Taufkirche St. Petri. Weiteres wird folgen wie die Anbauten an das Luther-Sterbehaus (2013, Bauherr: Stiftung Luthergedenkstätten, Entwurf: Arbeitsgemeinschaft VON M GmbH und Architekturbüro Erich H. Fritz, Stuttgart) sowie das Lutherarchiv in der Seminarstraße 2 (Baubeginn voraussichtlich 2012/13, Bauherr: Stiftung Luthergedenkstätten, Entwurf: atelier st, Leipzig).

Was ist das Besondere an diesen Projekten? Zunächst ihre jeweilige Genese. Es sind gemeinschaftlich bedachte und besprochene Entwürfe. Belange der Denkmalpflege kamen genauso zu ihrem Recht wie solche des Städtebaus, der Funktionalität, der zeitgenössischen Gestaltung sowie der individuellen Haltung und Bildsprache der Entwerfer. Partizipative und konkurrierende Verfahren führten zu den Vorentwürfen, die jeweils im Prozess weiterentwickelt wurden. Durch die IBA Stadtumbau 2010 wurde diese Praxis eingeübt. Den Bauten sieht man es an: Integrierte Erarbeitung fördert Integration in den Bestand und Akzeptanz, ohne dass an der Qualität, Eigenständigkeit und Zeitgenossenschaft der Entwürfe etwas verloren gehen würde.

Das Charakteristische aller genannten Hinzufügungen ist deren aktive Einfühlung in Stil, Struktur und Ikonografie in den vorhandenen stadtbildlichen, substanziellen, stadt- und religionsgeschichtlichen Kontext. Den Anfang mit diesem Prinzip machte das Luther-Geburtshaus-Ensemble von Springer Architekten aus Berlin. Es entstanden ein Empfangs- und Ausstellungsgebäude, das sich zwischen dem eigentlichen Geburtshaus, der Luther-Armenschule (1819) sowie der historistischen Freiflächengestaltung einpasst, die bereits 1867 von Friedrich August Stüler verwirklicht wurde.

Beim Geburtshaus – wie zukünftig beim Sterbehaus – entlasten die Neubauteile den Bestand von denjenigen Nutzungen, die die historische Substanz strapazieren und das historisch inszenierte Erscheinungsbild verstellen. Der Zielkonflikt zwischen der Museumsnutzung mit ihren Ansprüchen an Klimatisierung, Barrierefreiheit, Belichtung, Brandschutz und Sicherheit sowie den Ansprüchen eines fragilen historischen Gebäudes und den legitimen Forderungen der Besucher nach authentischen Seherlebnissen ist schwer lösbar. Bei den Luther-Bauten kommen auch noch die Erwartungen eines religiös motivierten Publikums hinzu, das aus der ganzen Welt nach Eisleben anreist. Ein dienender Annexbau hilft, diesen divergierenden Ansprüchen gerecht zu werden. Es entsteht mehr Ausstellungsfläche und die historischen Bauten können als Exponate ihrer selbst wahrgenommen werden.

113

Luther-Geburtshaus, Eisleben,
Giebel der Luther-Armenschule
und Ausstellungsgebäude

Luther-Geburtshaus, Eisleben
oben: Besucherzentrum an der
Halleschen Straße
unten: Zugang zum Besucherzentrum

Das neue Ausstellungsgebäude sowie der Besucherempfang an der Ecke Hallesche Straße/Seminarstraße sind in ihrer städtebaulichen Wirkung, in Materialität und Verarbeitung, in Grundriss und Kubatur, in Details außen wie innen qualitätvoll und wertig. Grundrisse, Formen, Oberflächenhaptik sowie die Farben der Umgebung werden zitiert, aber nicht kopiert. Das Neue veredelt das Alte, ohne es zu brüskieren. Die neu entstandenen Gebäude fügen sich in die historische Gruppe ein, als hätten sie schon immer dazugehört.

Es zeigt sich hier, dass das bewusste Setzen auf Kontrast – Prinzip des Bauens im denkmalgeschützten Bestand seit den 1960er-Jahren – überhaupt nicht nötig ist, um das Neue vom Alten unterscheiden zu können. Was als Entwurfsprinzip zur sich absetzenden Fortschreibung der Zeitschichten einstmals durch die Denkmalpflege und ihr nahe Architekten proklamiert worden war, ist durch tausendfache vergröberte Missverständnisse, durch freche Überinterpretationen von »Fuge« und »Kontrast« in ganz Europa so missbraucht worden, dass sich Architekten wie Denkmalpfleger bis auf Weiteres zu Abstinenz verpflichten sollten.

Beim Ensemble des Luther-Geburtshauses war ein weiteres Ziel, durch die Aufwertung und Neuordnung des städtebaulichen Umfeldes, dem mit etlichen stadtplanerischen »Konflikten« beladenen Stadtquartier, einen Revitalisierungsschub zu geben. Nach heutigem Dafürhalten ist dies gelungen. Aber es gibt noch eine andere Bedeutungsebene. Über die neue Architektur, durch die intensiven Partizipationsprozesse der IBA, ist der alte Luther den Eislebern wieder näher gerückt. Die Bürger der Stadt haben seit der Reformation Martin Luther, der als Neugeborener am 11. November 1483 in der St.-Petri-Kirche auf den Namen des Tagesheiligen getauft wurde, als einen der ihren anerkannt und auf ihre Weise seiner gedacht. Dabei war die Familie von Hans und Margarethe Luther nur kurz in Eisleben, der Vater war Bergmann und später Besitzer einer Kupfermine; wenig später zogen sie ins benachbarte Mansfeld. Doch beide Orte spielten im Leben des Reformators eine wichtige Rolle. Er blieb Herkunftsregion und -milieu verbunden, so dass er, als sein Leben zu Ende ging, gerade einmal wieder in Eisleben weilte und hier auch starb. Jüngere Untersuchungen belegen, dass die Grafschaft Mansfeld mit ihren Grundherren, ihrem Milieu selbstbewusster, wohlhabender und gut ausgebildeter Bergleute eine wichtige Rolle bei der Rezeption und Umsetzung der reformatorischen Ideen und Ziele gespielt hat.

117

linke Seite: Zentrum Taufe,
St.-Petri-Kirche in Eisleben
AFF Architekten, Berlin

Es hat in den Jahrhunderten seitdem unterschiedliche Zugänge zu Luther und der Reformation in Eisleben gegeben. Heute bemühen sich die Stiftung Luthergedenkstätten, die Stadt Eisleben und die Kirchengemeinden erfolgreich, ihr Gedenken an ihren großen Sohn und Mentor durch ein Maximum an Baukultur darzustellen. Die Haltung, mit hohem Anspruch Neues zu bauen, ist eine gute Antwort auf die Probleme und Herausforderungen der Gegenwart: Gerade wenn alles schrumpft, gerade wenn manches verfällt, ist es nötig, durch qualitätvolle Neubauprojekte Zeichen zu setzen. Es sind nicht einfach nur Neubauten entstanden, sondern Orte mit Bedeutung, Bauten mit Inhalten.

In einem Ort, in dem mehr als 90 Prozent der Einwohner keiner Religionsgemeinschaft angehören, scheint es erstaunlich, dass ausgerechnet das Gedenken an einen Religions-Reformator zu einer neuen Sinnstiftung beitragen kann. Aber die historische Figur Luther und die internationale Aufmerksamkeit durch den Welterbestatus schaffen selbst bei Eisleber Skeptikern eine gewisse Identitätswirkung. Dazu trug entscheidend die IBA Stadtumbau 2010 bei, die sämtliche Planungsprojekte partizipativ mit Workshops und in anderer Form vorbereitete und begleitete. Gemeinsames Planen mit Bürgern und Akteuren – wie zum Beispiel der amtlichen Denkmalpflege – wird in Eisleben seither konsequent praktiziert. Dies und Vermittlungsformate wie der alljährliche Spaziergang auf dem Lutherweg sind ebenfalls Baukultur- und Welterbepflege.

Zwei Jahre nach der IBA bestätigt sich der Eisleber Weg des subtilen Weiterbauens am (Stadt-)Denkmal: Die Bauten und gestalteten Freiflächen haben eine eigenständige architektonische Qualität und treten dennoch mit dem Vorhandenen in einen liebevollen Dialog. Rücksicht zu nehmen auf die kleinteiligen, manchmal hinfälligen, manchmal banalen Zeugnisse einer Stadt der Bergleute heißt auch, einer inzwischen zwar untergegangenen, aber jahrhundertealten Tradition Respekt zu erweisen. Die selbstverständliche Nachbarschaft von Alt und Neu bildet das Besondere in Eisleben. Eine fragile Balance, die nicht nur die Erweiterung des Luther-Geburtshauses auszeichnet, sondern auch die anderen Projekte in der Stadt.

118

Erweiterungsbau Moritzburg in Halle
Ansicht des Westflügels

EXPRESSIVE DACHLANDSCHAFT

DER NEUE AUSSTELLUNGSFLÜGEL DER MORITZBURG VON NIETO SOBEJANO

Jürgen Tietz

Erweiterungsbau Moritzburg in Halle
Nordflügel während der Ausstellung
»Lyonel Feininger. Zurück in Amerika«, 2009

Erweiterungsbau Moritzburg in Halle
Blick in den Raum »Moderne 1«

Ruinen sind besondere Orte, an denen die Aura der Vergänglichkeit greifbar wird. Doch Ruine ist nicht gleich Ruine: Manche mahnen, wie der hohle Turmzahn der Kaiser-Wilhelm-Gedächtniskirche in Berlin. Andere rotten dagegen unbeachtet jahrelang vor sich hin, als Zeugnisse des eigenen Bedeutungsverlustes. So unterschiedlich die Ruinen, so unterschiedlich ist auch der Umgang mit ihnen. Er reicht vom Verfall oder der erhaltenden Pflege über die moderne Ergänzung bis hin zum vollständigen historisierenden Wiederaufbau. Mit dem Westflügel der Moritzburg in Halle an der Saale hat das spanische Architektenpaar Fuensanta Nieto und Enrique Sobejano nun eine der prominentesten Ruinen Mitteldeutschlands in die Nutzung zurückgeholt: An der Zeitenschwelle von der Gotik zur Renaissance errichtet, brannten West- und Nordflügel der Moritzburg im Dreißigjährigen Krieg aus. Was folgte, war eine Mischung aus Ruinendasein und schrittweisem Wiederaufbau: Im Spätbarock wurde das gelbe Lazarettgebäude gleich neben dem Torturm hinzugeführt, während das »Talamt« und die Arkadengänge des Ostflügels im ausgehenden 19. Jahrhundert entstanden. Mit ihrer modernen Intervention setzen Nieto Sobejano, die 2004 einen begrenzten offenen Realisierungswettbewerb mit EU-weitem Bewerbungsverfahren für sich entscheiden konnten, nun einen Schlusspunkt in dieser baulichen Entwicklung. Die Kosten für den Um- und Ausbau der Moritzburg betrugen rund 18 Millionen Euro. Erstmals seit rund 400 Jahren bildet die Moritzburg wieder eine räumliche Einheit und ist in ihrer Gesamtheit für die Stiftung Moritzburg als Kunstmuseum des Landes Sachsen-Anhalt nutzbar. Auf den rund 2.000 Quadratmetern neuer Ausstellungsfläche präsentiert das Museum neben eigenen Beständen mit Werken des Konstruktivismus und des Expressionismus auch die herausragende Brücke-Sammlung von Hermann Gerlinger, deren Werke – neben dem Berliner Brücke-Museum – wohl den geschlossensten Bestand mit Arbeiten der expressionistischen Künstlergruppe bilden.

Dachlandschaft _____ Bestimmendes Element des Umbaus ist die neue Dachlandschaft, die sich wie eine Plastik über den Altbau legt: Über eine massive Stahlkonstruktion zieht sich eine silbrige Aluminiumhaut, aus der einzelne Dachkuben herauswachsen. Damit das doppelschalige Mauerwerk der historischen Burg die rund 350 Tonnen Stahl der Dachkonstruktion überhaupt tragen kann, mussten rund 1.900 Meter Strumpf-Injektionsanker eingebracht werden.

Die neuen Dachkuben dienen als Oberlichter für die darunterliegenden Ausstellungsbereiche und entfachen zugleich einen spannungsvollen Dialog mit den angren-

121

zenden Bauteilen der Moritzburg – dem »Talamt« und der gotischen Maria-Magdalenen-Kapelle – aber auch mit der Dachlandschaft Halles insgesamt. Zugleich erinnern
sie mit ihren kubischen Formen an die berühmte Serie von elf Halle-Bildern, die der
Bauhaus-Künstler Lyonel Feiniger in den Jahren 1929–31 im Turm der Moritzburg an-
gefertigt hat. Drei Bilder dieses Halle-Zyklus gehören heute zu den Glanzlichtern der
Sammlung.

Eingang ————————— Der Dialog zwischen historischem Bauwerk und moder-
ner Intervention in Form und Material ist nicht nur am Dach ablesbar, sondern zeigt
sich auch bei dem neuen Eingangsbauwerk im Burghof. Es schiebt sich als eine Art
Windfang im Erdgeschoss vor das gotische Portalgewände. Dahinter schließt sich
die knapp bemessene Eingangszone mit Museumskasse, Garderobe, Buchladen und
Café an. Durch ein spitzbogiges Portalgewände führt eine seitliche Treppe in die
Kellergewölbe hinab. Dort haben Nieto Sobejano die neuen Waschräume eingestellt.
Die schlichten Kuben sind mit graugrünen Faserzementplatten verkleidet. Faserze-
mentplatten umschließen auch den zentralen Erschließungskern mit Fahrstuhl und
Treppe, die in die Ausstellungsräume in den beiden Obergeschossen führen.
   Dort stellten sich unterschiedliche Aufgaben für die Architekten: Denn während
der Westflügel seit dem Dreißigjährigen Krieg weitgehend Ruine blieb, entstand im
Nordflügel Ende des 19. Jahrhunderts eine historistische Turnhalle, die zum großen
Bedauern der Denkmalpfleger für die Museumsnutzung weichen musste.

Westflügel ————————— Trotz des Umbaus sollte das Innere des rund achtzig
Meter langen Westflügels in seiner Gesamtheit weiter für die Besucher erfahrbar
bleiben. Und tatsächlich bietet die neu gewonnene Ausstellungshalle ein vielfältiges
Raumerlebnis, das sich den Besuchern erst nach und nach erschließt – je nachdem, in welchem Bereich des doppelgeschossigen Ausstellungsflügels sie sich
befinden. Eingeschränkt wird die ganzheitliche Raumwirkung durch die Stellwände,
die gleichwohl für die Sammlungspräsentation unverzichtbar sind. Verbunden sind
die Ausstellungsgeschosse des Westflügels durch einen neuen Treppenhausturm,
der anstelle der 1639 gesprengten Südwestbastion entstanden ist und ebenso eine
Aluminiumverkleidung erhalten hat. Noch folgen soll in den kommenden Jahren der
Ausbau der Räume in den Bastionen zu Kabinetten und der Anschluss der oberen
Gewölbeebene.

122

Wie prägend der Wechsel von niedrigen und hohen Räumen für die Architektur von Nieto Sobejano ist, zeigt sich auch im Westflügel: So wirkt der vordere Teil des Raumes vergleichsweise niedrig. Hier haben die Architekten eine weiße Ausstellungsbox in den Raum eingefügt, die an der mächtigen Stahlkonstruktion des Daches hängt. Nur an wenigen Punkten mit dem historischen Mauerwerk verbunden, bieten sich an den Seiten der Box Durchblicke in die Tiefe des Raums. Hinter diesem eingehängten »white cube« weitet sich der Ausstellungsraum nach oben auf und gibt den Blick in eines der Oberlichter frei. Die glatten weißen Oberflächen der neuen Einbauten nehmen sich dabei gegenüber dem historischen Bruchsteinmauerwerk mit seinen Zeitspuren deutlich zurück. Dort, wo jedoch bereits in früheren Jahren im Westflügel Einbauten vorhanden waren, zeigen die Wände anstelle der rauen Steine einen hellen Putzüberzug, unter dem die unregelmäßige Wandfläche erkennbar bleibt. Ein Streifen mit Kies schafft auf dem Boden eine räumliche Distanz zu den historischen Wänden.

Eine gelungene Lösung, die den Ruinencharakter des Bauwerks berücksichtigt, haben Nieto Sobejano auch für die Fenster gefunden: In die metertiefen Fensterlaibungen der Mauern wurden vor den historischen Fensteröffnungen neue Fensterelemente aus Stahl eingestellt. In ihrem unteren Bereich verbergen sie hinter einem silbrigen Metallgewebe technische Einbauten. Dadurch ermöglichen es die neuen Fensterelemente, die historischen Fenster in der vorderen Fassadenebene ohne zusätzliche Eingriffe in ihrer überlieferten Form zu erhalten.

Ausstellungskuben _____ Das Obergeschoss des Westflügels wird durch den eingehängten Ausstellungsraum bestimmt. Er ist von einer Galerie aus zugänglich, die in der oberen Ebene den Westflügel umläuft und von einer gläsernen Brüstung begrenzt wird. Ein weiterer Zugang eröffnet sich von dem historischen Treppenhaus im gotischen Mittelrisalit des Westflügels, dessen Restaurierung noch ansteht.

Da die eingehängten Ausstellungsräume von den historischen Seitenwänden abgelöst wurden, entsteht ein spannungsvoller Dualismus aus Alt und Neu. Er wirkt wie eine Zeitschleuse, in der Geschichte und Gegenwart zusammenrücken. Dem setzen die neuen Ausstellungsräume eine konzentrierte, neutral weiße Atmosphäre entgegen.

Nordflügel _____ Während im Westflügel die Bruchsteinmauern weitgehend sichtbar bleiben, zeigt der Nordflügel, in dem sich auch die Sonderausstellungsräume befinden, eine andere Behandlung. Dort, wo im 19. Jahrhundert eine Turnhalle eingerichtet wurde, sind die historischen Mauern hinter einer weißen Verkleidung verschwunden. Doch das komplexe Raumgeflecht aus zwei Ausstellungsebenen samt einer eingehängten weißen Ausstellungsbox haben Nieto Sobejano auch hier aufgegriffen.

Einen besondern Reiz entfaltet dabei die obere Ausstellungsebene des Nordflügels: Zum Innenhof hin ist sie durch eine großzügige Glaswand abgeschlossen, hinter der sich die Ruinenstümpfe der historischen Burgwand erheben. So wandert der Blick ungehindert über die Zeitschichten der Burg – und weiter bis zu den Hausmannstürmen der Marktkirche von Halle.

Dank der Intervention von Nieto Sobejano hat die Stiftung Moritzburg ein bedeutendes Museum gewonnen – und die Stadt Halle eine international angesehene Visitenkarte. Die Bauaufgabe Moritzburg bleibt dem Land Sachsen-Anhalt gleichwohl erhalten, denn die historistischen Wehrgänge des Südflügels mit ihrem dem Pantheon nachempfundenen Kuppelsaal warten ebenso auf ihre Restaurierung wie die wundervolle Maria-Magdalenen-Kapelle.

Roger Diener

_____ (geb. 1950 in Basel/Schweiz)
trat 1976 in das Architekturbüro seines Vaters Marcus
Diener ein. Heute führt er das Büro zusammen mit
Dieter Righetti und Andreas Rüedi unter dem Namen
Diener & Diener Architekten mit Sitz in Basel und einer
Dependance in Berlin. Seine Arbeitsfelder erstrecken
sich international auf verschiedenste Maßstäbe von
Architektur und Städtebau. 2011 wurde Roger Diener für
seine Rekonstruktion des Ostflügels des Museums für
Naturkunde in Berlin mit dem DAM Preis für Architektur
und der Heinrich-Tessenow-Medaille ausgezeichnet.

Hans van der Heijden

_____ (geb. 1963 in Den Haag/Niederlande)
gründete 1994 zusammen mit Rick Wessels in Rotter-
dam das Architekturbüro biq stadsontwerp. Sie engagie-
ren sich besonders in den Bereichen urbanes Design
und Lebensraum. Nachdem sie 1996 den Stadtbauwett-
bewerb Europan 4 gewonnen hatten, weitete sich ihr
Wirken auf England, Deutschland, Belgien und Spanien
aus. 2009 wurde Bluecoat Liverpool für den Mies van
der Rohe Award nominiert, 2012 das Siedlungsprojekt
Lakerlopen in Eindhoven; mit ihm waren sie 2012 auch
auf der Architektur-Biennale in Venedig vertreten.

Christian Jabornegg

_____ (geb. 1956 in Wels/Österreich)
arbeitet seit 1988 mit András Pálffy im gemeinsamen
Wiener Architekturbüro Jabornegg & Pálffy. Im Spannungsfeld von zeitgenössischer Architektur und historischen Kontexten suchen sie respektvolle und diskrete
sowie klar strukturierte Lösungen von räumlicher Qualität, die sich einfügen, aber eigenständig bleiben und
das Alte nicht überschreiben. 2009 widmete das
Münchner Architekturmuseum Jabornegg & Pálffy eine
Ausstellung. Das Projekt Stift Altenburg kam 2012 auf
die Shortlist des Mies van der Rohe Award.

Tristan Kobler

_____ (geb. 1960 in Luzern/Schweiz)
gründete zusammen mit Barbara Holzer 2004 in Zürich
das Büro Holzer Kobler Architekturen, seit April 2012
auch mit Sitz in Berlin. Das international agierende
Studio bewegt sich in den Bereichen der Gestaltung
von Architektur, Ausstellung und Design. Seit 2011 lehrt
Tristan Kobler an der Haute École d'Art et de Design
(HEAD) in Genf. Seine Ausstellungsgestaltung des
Landesmuseums Zürich wurde 2012 mit dem AIT Award
gewürdigt. Zusammen mit dem Büro Gourdin & Müller
aus Leipzig gewann er den Gestaltungswettbewerb für
das Humboldt-Zentrum im Berliner Schloss.

Peter Kulka

_____ (geb. 1937 in Dresden)
führt seit 1979 in Köln ein eigenes Architekturbüro und
gründete nach der Wiedervereinigung 1991 in Dresden eine Dependance. Das Spektrum seiner Projekte
reicht von Neubauten über Wiederaufbau und Neuge-
staltung historischer Bestände. Große Aufmerksamkeit
erlangte sein Bau des Sächsischen Landtags in
Dresden. Kulka ist Mitglied der Berliner und der Sächsischen Akademie der Künste, wurde für sein Wirken
mit zahlreichen Preisen ausgezeichnet und erhielt 2006
die Ehrendoktorwürde der TU Dresden.

Bruce Kawabara

_____ (geb. 1949 In Hamilton/Ontario)
gründete 1987 in Toronto mit Thomas Payne, Marianne
McKenna und Shirley Blumberg das Architekturbüro
KPMB Architects. In Toronto trägt er mit Projekten und
kulturellem Engagement wesentlich zur Entwicklung
der Stadt als Design City bei, in Berlin leitete er den Bau
der Kanadischen Botschaft, der in Materialität und Gestaltung für die Vielfalt des Landes steht. Kuwabara ist
seit 2005 Mitglied der Royal Canadian Academy of
Arts, wurde 2006 mit der Goldmedaille des Royal Archi-
tectural Institute of Canada geehrt und 2012 zum Officer
of the Order of Canada ernannt.

Claude Marbach

_____ (geb. 1970 in Bogotá/Kolumbien)
gründete 1997 zusammen mit Daniele Di Giacinto,
Roman Lehmann und Pat Tanner in Biel das Architektur-
büro :mlzd. Ihre Arbeit umfasst ein weites Spektrum vom
Städtebau bis zum Industrie- und Museumsbau. Sie
steht für eine präzise, auf den Ort, seine Geografie und
Geschichte bezogene Architektur. 2009 erhielt das
Büro den Berner Kulturpreis für Architektur, Technik und
Umwelt (ATU PRIX) für die Berufschule BFB in Biel.

Stefan Marte

_____ (geb. 1967 in Dornbirn/Österreich)
gründete 1993 mit seinem Bruder Bernhard Marte in
Weiler/Vorarlberg das Architekturbüro marte.marte
architekten. Ihre Bauten zeigen eine radikal reduzierte
Formensprache und reflektieren die kulturellen und
traditionellen Anforderungen an Ort und Aufgabe. Für
das Evangelische Diözesanmuseum in Fresach erhielten sie 2011 den Kärntner Landesbaupreis. Stefan Marte
ist seit 2005 Präsident des Vorarlberger Architektur
Instituts (vai).

126

Ira Mazzoni _____
_____ (geb. 1960 in Wiesbaden)
ist Kunsthistorikerin und arbeitet als freie Journalistin,
Fachautorin und Architekturkritikerin mit den Schwerpunkten Architektur, Baukultur, Denkmalschutz,
Landschaftsgestaltung und Museum. Sie schreibt u. a.
für die Feuilletons der Süddeutschen Zeitung, der ZEIT
und der taz sowie für Fachzeitschriften. 2011 wurde
sie mit dem Literaturpreis des Verbandes Deutscher
Architekten- und Ingenieurvereine ausgezeichnet.

Katja Schneider _____
_____ (geb. 1953 in Hamburg)
ist promovierte Kunsthistorikerin und seit 2000 Direkto-
rin der Stiftung Moritzburg in Halle (Saale). Unter ihrer
Leitung wurden das Kunstmuseum durch einen Erweiterungsbau von Nieto Sobejano konsolidiert und die
Bestände der Moderne des 20. Jahrhunderts sowie die
Brücke-Sammlung Hermann Gerlingers neu und umfas-
send präsentiert. Ihre kuratorische und publizistische
Arbeit umfasst Kunst des 20. Jahrhunderts, Kunsthandwerk und Museumsgeschichte.

Alexander Schwarz _____
_____ (geb. 1967 in Ludwigsburg)
gelernter Geigenbauer, arbeitet seit 1996 für David
Chipperfield Architects, zunächst in London, dann in
Berlin, seit 2006 als Geschäftsführer der Berliner
Dependance und seit 2011 als Partner. Neben der Ent-
wurfsleitung für das Neue Museum in Berlin war er
auch für das Literaturmuseum in Marbach und das
Museum Folkwang in Essen verantwortlich. Der Wiederaufbau des Neuen Museum wurde mit zahlreichen
Auszeichnungen geehrt, 2011 auch mit dem Mies
van der Rohe Award.

Enrique Sobejano _____
_____ (geb. 1957 in Madrid)
führt seit Ende 1980 mit seiner Partnerin Fuensanta
Nieto in Madrid das Architekturbüro Nieto Sobejano
Arquitectos, seit 2007 mit Dependance in Berlin. Seit
2008 lehrt er an der Universität der Künste Berlin.
Sobejano sieht in der Bindung an Geschichte die Stär-
ke der urbanen Qualität Europas. Für die Erweiterung
der Moritzburg erhielten Nieto Sobejano 2010 den
BDA-Preis »Nike für die beste atmosphärische
Wirkung« und 2012 den Hannes-Meyer-Preis, für das
archäologische Museum Madinat al Zahra in Cordoba
2010 den Aga Khan Award und 2012 den European
Museum of the Year Award.

Jörg Springer _____
_____ (geb. 1964 in Stuttgart)
ist seit 1995 mit seinem Büro Springer Architekten in
Berlin tätig, seit 2009 in Partnerschaft mit Georg
Heidenreich. Seine architektonischen Entwürfe stellen
sich den Aufgaben städtebaulicher Räume und den
ideengeschichtlicher Hintergründen des Ortes.
Für das Luther-Geburtshaus in Eisleben erhielt er 2007
den Architekturpreis des Landes Sachsen-Anhalt,
2008 eine »besondere Anerkennung« des Deutschen
Städtebaupreises, 2009 den Hannes-Meyer-Preis
des BDA und 2010 die »Nike für die beste Raumbildung«
des BDA. Seit 2012 ist er Mitglied im Deutschen
Nationalkomitee von ICOMOS.

Jürgen Tietz _____
_____ (geb. 1964 in Berlin)
ist promovierter Kunsthistoriker und arbeitet als frei-
beruflicher Autor und Kurator zu den Themen Architektur und Denkmalpflege. Zahlreiche Veröffentlichun-
gen in der Neuen Zürcher Zeitung sowie in Architektur-
Fachzeitschriften. Zuletzt erschienen seine Bücher
»Was ist gute Architektur? 21 Antworten« (2006)
und »Das neue Kunstmuseum in Halle« (2008). 1999
wurde er mit dem Journalistenpreis des Deutschen
Nationalkomitees für Denkmalschutz ausgezeichnet.
Er ist Mitglied im Gestaltungsbeirat der Stadt Fulda.

Ulrike Wendland _____
_____ (geb. 1960 in Braunschweig)
ist promovierte Kunsthistorikerin, wirkte als Hochschul-
assistentin an der TU Berlin und an der ETH Zürich.
2002 ging sie als Landeskonservatorin ins Saarland und
ist seit 2005 in Halle am Landesamt für Denkmalpflege
und Archäologie von Sachsen-Anhalt tätig.